抗战影视　导演必读

抗日軍衔研究

中国国民党革命委员会北京市朝阳区委《潮流》编辑部◎编撰

梁贵三◎编著　　代　明◎整理

团结出版社

图书在版编目（ＣＩＰ）数据

抗日军衔研究 / 梁贵三编著；代明整理. -- 北京：
团结出版社，2015.11
ISBN 978-7-5126-3904-1

Ⅰ. ①抗… Ⅱ. ①梁… ②代… Ⅲ. ①军衔－研究－
中国－1937～1945②军衔－研究－日本－1937～1945
Ⅳ. ①E263②E123.313

中国版本图书馆 CIP 数据核字(2015)第 244517 号

出　　版：团结出版社
　　　　　（北京市东城区东皇城根南街 84 号　邮编：100006）
电　　话：（010）65228880　65244790
网　　址：http://www.tjpress.com
E-mail：zb65244790@vip.163.com
经　　销：全国新华书店
印　　装：三河市东方印刷有限公司

开　　本：210mm×285mm　1/16
印　　张：7.5
字　　数：112 千字
版　　次：2015 年 11 月　第 1 版
印　　次：2015 年 11 月　第 1 次印刷

书　　号：978-7-5126-3904-1
定　　价：70.00 元

献礼

暨世界反法西斯胜利七十周年

中国人民抗日战争胜利七十周年

谨以此书问

贵三敬书

在一个偶然的机会里，我从电视屏幕里看到了有关抗日战争的电视剧《东江支队》的最后一集——"大结局"场面。故事梗概是新四军的东江支队追击一小股日本侵略军到海滨，使其逃脱无路，迫其投降的场面。俗云："不看不知道，一看吓一跳。"其关键在于脱离实际而起到给敌人脸上"涂金抹粉"的美化作用；其结果是造成亲者痛，仇者快的不良影响。那么，其错误之处出现在哪儿呢？

第一，这一小股日本侵略军中竟出现了吉普车、冲锋枪。二战时期，只有西方国家，如原苏联、美国、加拿大等国才有吉普车、冲锋枪，日军中是没有的。

第二，竟把现在人民解放军武警部队士官军衔，用"移花接木"的手段，移到六十多年前的日本侵略军的两个肩膀上。

第三，更令人可悲的是宪兵的出现。战败退却的小股败兵里，怎么会出现"宪兵"呢？不论哪个国家，宪兵是属于特殊兵种，一般驻扎在大城市和大部队驻扎的地方，而且执勤时才佩戴宪兵标志的袖标，以示执勤。

观看《东江支队》电视片之后，我下意识地看了一些抗日战争的影视片。20世纪50年代拍的影片，如《地道战》《铁道游击队》《洪湖赤卫队》等，是无可非议的，可以说都是"精品"。相对而言，改革开放以后摄制的影视片，可以说大部分是"伪劣次品"。前者的导演和演员们，都是从抗日战争年代过来的人；那时的人不为名、不为利，一心扑在事业上，很少有人沾染铜臭味。而后者全是年轻后人，不乏有人追逐名利、金钱至上，其结果是"伪劣次品"比比皆是，粗制滥造的影视作品屡见不鲜。例如军衔的式样，军服的式样，武器装备等几乎全都变了样，与实际相违背。为此，我决定下一番功夫，从战争年代走过来的亲身经历，再阅读一些历史文献、有关的图书资料，写一本有关中日军队军衔的发展演变及比较的书籍对电视观众和导演以及后人们有所帮助。

2010年6月10日，当北京市通州电视台记者访问我时，问我："是什么力量推动您能下这样大的功夫，编写如此复杂的稿件？"我答："出于爱国热忱和正义感、责任感……"之后，记者就以"较真儿的老人"为题，曾在北京电视台生活频道里，先后播放了三次之多。其播映结果，又推动了我的紧迫感（因为我的时间确实不多了）。

我写此书的目的，旨在使读者对中日两国军队的军衔、服装及武器装备等有一个大致的、比较正确的了解。我凭自己的记忆，日积月累地利用包装物剪辑来做图案，然后，再加上文字说明，力求达到图文并茂，言简意赅，通俗易懂，让读者容易记忆。如果本书能对影视剧的编导演职人员，起到一个参考作用，防止今后再出现"伪劣产品"，那就是对我最大的安慰。更为重要的是防止日本右翼分子乘机寻找借口。这一小撮右翼分子，对震惊世界的南京大屠杀的历史事实，都不予承认；在他们对战争罪恶不作反省的情况下，我们却出些脱离实际的影视作品，岂不让这些丧心病狂的右翼分子更加否认一切？我们再不能"移花接木"、"粗制滥造"了，这样继续下去，岂不令人更加担心和痛心？

如能凭借此书能提高观众的欣赏力，提高编导们的信心度，岂不功在当代，利在千秋？但愿它成为观众的参考书，编导的指南针，成为"抗战影视，导演必读"的读物。编者个人能力有限，再加精力不足，其中差错以及不足之处在所难免，望广大读者们给予纠正和补充，谢谢！

编者

中国国民党革命委员会党员

黄埔军校同学会会员

梁贵三

目录 CONTENTS

第一章　从历史角度来了解日本

01　第一节　从文字角度看中日两国的历史渊源

02　第二节　历史上的友好往来

03　第三节　鉴真东渡日本

第二章　日本的明治维新

04　第一节　日本的明治天皇

05　第二节　日俄战争

05　第三节　九一八事变

第三章　探讨元、明时代中日间的历史问题

07　第一节　让历史连贯起来进行探讨

08　第二节　倭寇的嚣张气焰令人发指和深思

第四章　纠正影视片中出现的错误军衔

10　第一节　关于错误军衔的出现在抗日电视剧中比比皆是

11　第二节　兵种与军种的区别

11　第三节　似是而非的日军军衔也是不可取的

第五章　无遗漏地纠正偏差和错误

13　第一节　中日两国军服之差别

14　第二节　关于日军军裤

14　第三节　关于日军黄色长筒军靴之说明

15　第四节　日本的军刀分类及公私界限

16　第五节　日军从不佩戴"武装带"

17　第六节　日本军人从来不许留发型，如分头、背头

17　第七节　空前绝后的比武方式

18　第八节　日军士兵与军官服装之区别

19　第九节　坚决纠正"无中生有"的一些东西

19　第十节　影视中未曾出现慰安妇问题

20　第十一节　关于悬挂画像的问题

21　第十二节　军队的礼节

22 | 第十三节　为了打造精品应注意采取的事项
22 | 第十四节　地位高低的称谓

25 | 中日军衔图解之正确军衔

75 | 中日军衔图解之错误军衔

87 | 中日军衔图解之补充

91 | 寻访大陆的最后一期黄埔军校学员

102 | 整理者的话

105 | 作者手写手绘的原稿（节选）

111 | 后记

第一章
从历史角度来了解日本

第一节　从文字角度看中日两国的历史渊源

中日两国的历史渊源，一直很深，过去人们常用"一衣带水"的邻邦，来形容日本，那是从地理的角度讲。如果论起历史，早在4000年前我国的古籍《山海经》中，就把日本称为"扶桑"，到了东汉，已有了"倭人"的记载，并开始向中原王朝进贡。也就是那个时期，即公元三世纪，大和民族在日本正式形成，但那时的大和民族，还是一个只有语言、没有文字的民族。从中国的隋、唐时期开始与中国交往，曾多次派留学僧、留学生多人前往隋唐，他们自己也承认此举，叫作"遣唐使"。他们巧妙地运用了汉字作为自己的文字，方法之一是原封不动地利用汉字，赋以自己的读法，叫作"音读"；其二是利用汉字楷书体的偏旁部首，起名叫作"假字"，利用汉字的草书体的整体字加以改动，叫作"平假字"；最后，又决定把"假字"改称"假名"，见下列图示：

片假名的来历：

原　名	改 成 的 假 名	读音（仿照汉字原音）
阿、伊、寤、牟	ア、イ、ウ、ム	a、i、u、mu

这样共构成50个假名，再加一个"ン"，加在一起，叫作"片假名50音图"，作为楷书体。此外，并制造了"平假名50音图"，如次表：

原　字	改 成 的 平 假 名	其 读 音
安、奴、不、毛	あ、ぬ、ふ、も	a、nu、fu、mao

以草书体的形式制成"平假名50音图"，同时加个"ん"后，称作"平假名50音图"。用以上两例构成楷书与草书体形式，沿用至今。

第二节　历史上的友好往来

有了文字后，即便不能口头谈，也可用笔谈。所以"遣唐使"的次数和人数，逐次增加，其中较有名的即唐代的阿倍仲麻吕，来唐之后，改名晁衡，攻汉诗文，并与当时的诗人王维、李白等结下深厚的友谊。当晁衡回日本时，听说途遇海上风暴，李白认为他已遇难，曾作出《哭晁卿衡》诗来悼念他。诗曰：

日本晁衡辞帝都，征帆一片绕蓬壶。

明月不归沉碧海，白云愁色满苍梧。

其实阿倍仲麻吕没死，湮至安南（即今日之越南）后重返长安，曾任唐朝左散骑常侍、镇南都护等高位官职，最后死于中国。

第三节　鉴真东渡日本

其实远在秦始皇时代，秦始皇嬴政企图长生不老，曾命使臣徐福寻找长生不老的药材，徐福谎称东海出太阳的地方才有此药材，没有金童玉女是取不来的。于是造船东渡，携带金童玉女各五百人，漂流到日本九州鹿儿岛县，成立了五百个小家庭，就在那里安居下来。这些金童玉女们为徐福按日本风俗建立了"徐福神社"，对此，后来的日本人从不提及。

当唐朝之后又发生了鉴真东渡的感人故事。鉴真实为和尚，本姓淳于，扬州人，幼年出家，对律宗深有研究，后在扬州大明寺讲律传戒。公元742年应日本高僧荣叡、普照等邀请东渡，几经挫折，历经风险，先后六次渡海，终于获得成功，到达日本九州时，已年近七旬，双目失明。翌年，在日本奈良东大寺筑坛传戒，并于公元759年创建唐招提寺，传布律宗。他将中国的建筑、雕塑、绘画和医药学等技术传到日本，为中日两国文化交流做出很大贡献。因此，在日本的京都、奈良两市，中国式的古代建筑很多，这些都是历史遗留给中日两国人民的铁证。事实胜于雄辩，这些都是老师教给学生、师傅传给弟子的美谈。然而，其后的事态发展，却是令人深感遗憾。

第二章
日本的明治维新

第一节　日本的明治天皇

日本的明治天皇在即位初（1856—1912），效仿欧美开始维新运动，巩固以天皇为主的统一的中央集权制国家，实行资本主义性质的改革。1871年实行废藩置县；1873年改革地税，殖产兴业，实行征点制；1889年颁布帝国宪法，对外推行扩张政策。到1894—1895年，发动中日甲午战争，1904—1905年，又进行日俄战争，他在位期间日本资本主义迅速发展，逐渐成为军事的封建的帝国主义。

曾记得我在孩童时代，就跟家乡的长辈们学唱有关甲午战争的歌曲，即"甲午年，日本造了反，夺去威海卫、北洋轮船，失高丽，赔款割台湾……"当时不知什么意思，现在回忆起来，"日本造了反"一词，直接的表述虽有失妥当，但是，可以从中揣摩出大致的意思，在此不作进一步的阐述，心领神会即可。"夺去威海卫"，即今日威海市，"北洋轮船"指北洋海军舰只；"赔款割台湾"指的是赔款两万万两的白银，割让台湾宝岛给日本。简直是倒行逆施，有强权无公理之极也。

第二节　日俄战争

所谓日俄战争，是指日本和沙俄在中国的东北地区辽东半岛打仗，可是，直接受战争灾难的，却是中国东北老百姓，生灵涂炭、家破人亡的举目皆是。

在中日甲午战争之后，日本侵占了朝鲜半岛及宝岛台湾，却得寸进尺，相隔仅仅十年，又发动了日俄战争。这意味着日本政府侵略成性的开始，贪而无厌，企图把沙俄在中国东北的一切权利夺为日本所有。先是偷袭沙俄在辽东半岛旅顺口的沙俄海军，当时驻扎在海参崴（沙俄称符拉迪沃斯托克）的海军，因受冰封不能参战，沙俄从欧洲调来波罗的海舰队，长途跋涉之后，筋疲力尽，被日本海军堵截在对马海峡，决一死战。日本海军元帅东乡平八郎升起 Z 字旗（英文字母 XYZ），其中的 "Z" 表示 "最后"，并作诗宣称："皇国兴废在此一战，各员一层奋勉努力"，来鼓舞水手们的士气，结果一鼓作气，消灭了沙俄的波罗的海舰队。之后，他们又把海岸防卫用的主炮——口径 280 毫米的榴弹炮拆下来，运往旅顺口的 203 高地，安装在山顶之后，用以攻打俄国步兵要塞。战胜沙俄之后，他们还把 203 高地改名 "尔灵山"。当日本陆军进攻到沈阳附近时，曾请求美国出面调停，沙皇俄国处于国内列宁领导的革命势力的威胁，处于内外交困之下，终于承认败于日本，签下停战协定，把中国东北的一切权利也让给日本。

第三节　九一八事变

日本从明治维新以后，向外扩张，先后发动了中日甲午战争、日俄战争，本来可以在东北的土地上为所欲为，但他们又有所顾虑。因为那里还有一个"眼中钉"：号称东北王的绿林出身的张作霖，人们称他张大帅。张本想利用日本势力，在东北称王；可又不想看到日本完全占领东北，矛盾重重；于是，日本竟在 1928 年炸死张作霖于沈阳皇姑屯火车站上，除掉了"眼中钉，肉中刺"。年轻的少帅张学良主动东北易帜，服从国民政府蒋介石的领导，当 1931 年 9 月 18 日夜，日军偷袭沈阳北大营后，遂率军 20 万东北军进关，把东北拱手让给日本。虽则，东北尚留有共产党领导的东北抗日联军，以及东北义勇军等抗日武装，但因面临补给供应等困难，最终还是未得成功。而且，由于东北人民的反抗，遭到了更加残酷的镇压和统治。

日本统治东北 14 年，可谓掠夺了东北 14 年，如东北的大豆、高粱、木材、煤炭、钢铁，源源不断被运往日本。尤其在华北、华中、华南各地俘虏的我国抗日战俘，除运往日本充当无偿苦力外，其余全部运往东北，充当无偿劳力，境遇惨无人道。光是因饥病而死的"矿工"，被集体埋葬于"万人坑"里的，就有好几处。对这些骇人听闻的历史惨剧，一桩桩一件件，我始终不能忘怀，尤其是"南京大屠杀"惨案，震惊世界，作为受害者的中国人是绝对不能忘记的。忘记了历史就意味着背叛。但我们回忆这些，绝不是想报复，而是让日本政府认真反省历史，真正走向一条保卫世界和平之路。

第三章
探讨元、明时代中日间的历史问题

第一节　让历史连贯起来进行探讨

　　一提起中日间的历史关系，中国人总是提起隋唐时期的友好往来，原因是为了争取日本二战后的右翼势力能走上和平发展道路；通过中日两国的民间友好往来，推动和影响日本掌权的右翼分子们，认真对待战争的认识和检讨。中国人民曾提出伟大感人的诗句来争取他们，如"黄河之水通江户（江户指日本），珠穆峰连富士山"，通过各种渠道，加强民间往来。这是光明的一面，对黑暗的一面，人们往往记住近现代历史，如中日甲午战争、日俄战争、九一八事变、七七事变等，却忽略了古代史，如元、明两代中日之间的历史。

　　现将元、明两代中日关系的史实简述如下：

　　据史书记载："倭寇"二字出现在明前。俗云："胜者为王，败者为寇"，很显然它是对败者的贬称，那么它是怎么败的呢？

　　倭寇者，开始是指元明时期侵扰中国和朝鲜沿海地区的日本海盗集团。14世纪时，日本处于分裂的南北朝时期，在混战中失败的武士，成为浪人，勾结不法商人，进行海盗活动。15世纪后期，日本进入群雄割据的战国时代，各地封建藩侯和寺院大地主，为了加强势力和满足贪欲，不愿受日本和明朝间的勘合贸易的限制，纷纷支持并组织境内的浪人、商人渡海掠夺财富；中国沿海各省惨遭荼毒，其中以江苏、浙江、福建、广东受害最烈，山东、安徽也遭波及。倭寇的侵扰，使我国东南沿海的社会经济遭到严重破坏，也给广大人民带来深重灾难。

明朝初期，为了抵御倭寇的侵扰，曾厉行海禁，整饬海防。永乐十七年（1419年），辽东总兵刘江打败倭寇于望海埚（今辽宁金县东北），倭寇之势稍微敛戢。但至正统时（1436—1449），倭寇又日益猖獗。嘉靖年间（1522—1566），由于明朝军政败坏，海防废弛，倭寇不断大举进犯，每年清明节后的阴历三、四、五月和重阳节后的九十月间，为其活动的时间。当时沿海人民奋起抗倭，崇明的沙安，南汇的盐丁，台州的渔民，东莞的商徒都力战有功。后在人民抗倭斗争的推动下，名将谭纶、戚继光、俞大猷等率部血战多年，屡败倭寇。嘉靖四十年台州之役，戚继光部全歼来犯之敌。次年又荡平横屿（今福建宁德东北）、牛田（今福建福清东南）、林墩（今福建莆田东）三大倭巢。嘉靖四十二年，戚继光与俞大猷合军收复平海（今福建莆田东）。次年初，戚继光部又以寡敌众，大破倭寇于仙游，平定浙江、福建倭患。此后，俞大猷又在广东潮州、惠州一带剿倭，歼灭大量顽敌。奋战到16世纪60年代，东南沿海倭患才基本平息。

第二节　倭寇的嚣张气焰令人发指和深思

从上节中不难看出，在日本国内的混战中失败为寇，却来到中国的海上和陆地上，烧杀掠夺，为所欲为，气焰之嚣张令人发指，可谓穷凶极恶、丧心病狂。此举与五百年后在侵华战争中的"三光政策"（即杀光、抢光、烧光），有什么两样？只能认定从古至今，这些日本人当中的"败类"毫无进步，只有倒退，形成山河易改，禀性难移的"魔鬼"。

古人云："善恶到头终有报，只争来早与来迟。"民间也有这样一句话："善有善报，恶有恶报，不是不报，时候未到，时候一到，一切都报。"这是颠扑不破的真理。

第四章
纠正影视片中出现的错误军衔

第一节 关于错误军衔的出现在抗日电视剧中比比皆是

那么，现在就要回到本书所提到的具体问题，就是尽自己所知道的，指出抗日神剧中，经常会在中日两国军队出现的错误军衔，并给编导们以后再要拍电影电视剧时，提供一份正确的参考。

提到现在抗日战争的影视片出现的日军错误军衔，可谓比比皆是。其错误之处在哪儿呢？在于军衔上的五星的排列方式（参阅图示 e-3）。编者年近九十岁，从未见过星从一头儿开始排列的军衔，我们的导演，比编者年轻，不知他们从何处见到如此军衔？或从何处学来？令人不可思议。其中只有平行四边形的三星级军衔，可谓正确的，那是因为再无法靠一头儿排列了。

要想纠正并不难，首先要参照（图示 c-1 至 c-5），不能随便从一头儿排列黄色五角星，对形状一定要记住：除非士官级以下官兵，其他日军级别军衔都是平行四边形，而非长方形。至于军衔的边边框框，要记住上下两边儿一定要窄，中间条条儿一定要宽，用时宽窄要适度。

第二节　兵种与军种的区别

在现在诸多抗日影视片中，经常出现日军将官的领章全是红色的场面；就连纪念抗日战争胜利 70 周年的献礼电视片——《东北抗日联军》，出现的日本关东军司令官本庄繁大将的领章也是红色的，这同样属于谬误。

在日本军队，从大佐以下到入伍的新兵，都有兵种的区分，其标志就是领章上的颜色。即步兵为红色，骑兵为绿色，炮兵为黄色。那么少将以上的高级军官的领章，是什么样子的呢？很简单，与其肩章军衔为同一颜色，全部为金黄色，也就是俗称的"满金"。只是到了少将以上，就不再有兵种之分，只有军种的区别，比如陆军大将、海军大将、陆军航空兵和海军航空兵大将，他们的领章都是金黄色。这一点切切牢记。

第三节　似是而非的日军军衔也是不可取的

为什么要杜绝伪劣次品？为防止日本右翼势力见缝插针，作品应求达到无缝，让它无法插针。在此基础上，作家应与历史学家作横向沟通，力求达到"精品"的程度。

我国不仅具有五千多年的文明古国的光荣历史，而今又跨入强国行列。被"四人帮"贬为"孔老二"的孔子，不仅被中华民族誉为孔夫子、孔圣人，世界上好多国家还建起了孔子学院，吸收中国的文化及孔子圣德。在这种令人鼓舞的美好环境下，在抗日影视片上，就不应该再出伪劣次品了。那么，从哪儿开始纠正呢？

就从九一八事变到八一五日本无条件投降这一段开始吧！

最近播出的电视剧《锋刃》，描述1938年（在天津）国共与日方的地下工作者明争暗斗的情况。其中，日方的台词中出现多处"南京汪主席如何如何……"。《锋刃》的故事是在1938年，而南京汪伪政权成立于1940年，这其中近两年的时间差，是衔接不上的。为此建议，剧作家多与历史学家沟通沟通。当然，这是指抗日影视片中的人物台词，有不少需要斟酌的地方，而本书的重点，是在纠正抗日影视片中出现的错误军衔方面。

民国初期，中日两军的两种军衔类似之处在于：军衔在两肩纵向时期是一样的，而在显示兵种的领章上有所区别。国民革命军的领章是箭头式的，而日军显示兵种的领章相反，是箭尾式的。还有一个不同之处，在帽徽上，中国军队（包括民国初期的中国各地军阀），帽徽是红、黄、蓝、白、黑五色五角星，红色一角向上，表示五族共和。民国中期以后，统一为青天白日，外加红圈儿，显示青天白日满地红（无红边儿者只显示中国国民党的党徽，不代表中华民国），帽徽无衬托（参阅：图示 F-4）。

那么，什么样的日军军衔不可取呢？就是似是而非的军衔。其错误之处在于与正确军衔正相反，如两边儿应窄，它却加宽；内条儿应宽，它却弄窄。其次，日军尉级以上军官若是军衔为长方形，就完全错误，其实应为平行四边形（参阅：图示 e-4），望观众及导演记住为幸。

第五章
无遗漏地纠正偏差和错误

第一节　中日两国军服之差别

　　首先在于颜色。中国军服分为灰色和浅黄色两种，均属正规。日军只一种为黄色，其黄色较深一些。从分类来讲，一是士兵服，二是军官服。士兵服供兵及士官着用，日称兵服及下士官服；军官服，日称将校服。其差别在于上衣兜。中国军服的士兵服为两个明兜，日本士兵服则为两个暗兜，只有兜盖部分是明的。中国军服上衣，军官服是四个明兜，除此之外，中国军人，不论是士兵还是军官，在其军服左上兜的上面配符号（参阅：图示 F-1）。

　　另外，日本军服上衣的左下侧有开口部（参阅：图示 F-2），是因佩刀方便而设。望在日本军服上不要"添枝加叶"。经常发现某电视剧出现在两袖上加上两道黄色杠杠儿，其上又加上两朵樱花。不仅如此，右胸前部位上加上红色 M 字样，其实根本没有这些东西。其"添枝加叶"的结果是弄巧成拙，弄真成假，必须加以除掉。

第二节　关于日军军裤

日军的军裤，多以马裤为准，尤其军官着用黑色高筒马靴，其骑兵、炮兵在马靴上佩戴金属制成的"刺马针"（因为二战期间日本只有骡马炮兵，而无汽车牵引的机械化炮兵）。步兵的班长以下均打"绑腿"，行军时显示轻便、利落。就在平时也必须打"绑腿"，不准只穿裤子不打绑腿的自由散漫生活。兵营中常设"值星官"和"值星士兵"，值星官由军营里军官轮流；值星兵由连里老兵轮流来共同管理部队日常生活。就连一个领钩儿不钩上都不行，若敞开领子，则按着"风纪"予以处罚。

但也有例外：如集体去浴池洗澡，不仅可以不打"绑腿"，而且手中拿些更换的衬衣、衬裤等。但必须有带队官引领指挥。除此之外，绝不允许松松垮垮，让士兵们始终处于紧张状态，要求他们养成这种习惯。

第三节　关于日军黄色长筒军靴之说明

看见某抗日电视片（名字忘记）中，出现两腿穿着黄色长筒军靴的日军军官，这可以说是"不足为奇"。但该军官头部留着"分头"发型，而且不戴军帽，这就不对了。按日军礼节，室内和室外是有严格规定的。即在室内时，可以不戴军帽，戴军帽就违背军规；相反在室外活动时，必须戴军帽，否则也是违规。

特别应该牢记的是：日军侵华期间（八一五日本投降为止），其军人就没有一个留发型的，即便是日军高官，如东条英机、冈村宁次，中国人几乎全知道，他们在投降仪式上出现时，都是"光头"。为什么我们的导演们竟导出有发型的军官出现呢？如此"美化敌人"呢？实在不解其意。

其次，谈谈黄色长筒军靴：

黄色长筒军靴有集中出现的地方，那就是日本士官学校（即军官学校，日本把士官叫作下士官）。在士官学校里，担任教职的员工，如武官区队长以上的带队官，担任战略、战术的教官，还有一些文职教授们，都穿黑色长筒军靴，除此之外，凡是学生（日本自称是士官候补生），当有什么统一活动或者假日外出时，一律穿上黄色长筒军靴。这样一目了然，凡是穿黄色长筒军靴者均为学生，穿黑色长筒军靴者均为教职员工。当学生毕业后分配到部队任见习官（军衔是上士，日称曹长）时，在部队仍穿黄色长靴，穿坏以后为止，不再穿黄色长靴而改为黑色长靴了。

总而言之，军校里的学生们，可谓清一色的黄色长筒长靴，然而，在部队里穿黄色长筒长靴者却"凤毛麟角"。所以，一看见黄色长筒皮靴者，就知道他们是由军校毕业不久的少尉军官（佩戴上士军衔的也不叫曹长，而叫作"见习军官"）。

第四节　日本的军刀分类及公私界限

日本的军刀分为四类，即刺刀和马刀（骑兵刀），另一类是战刀和指挥刀。刺刀有人也称"枪刺"，因为可以上在三八式步枪和骑枪上用。平常与枪分开，在军营中徒手训练时，只佩带刺刀。具体说明如下：

A．指挥刀，单手刀柄，刀鞘一般镀电或镀铬，少显闪光，此刀为使用者所有。

B．马刀，亦称骑兵刀，刀柄及刀鞘，通常与指挥刀相似。此刀为公刀，归部队所有，专供骑兵和炮兵使用。但为显示军威，宪兵中士官级的伍长、军曹曹长（即下士、中士、上士），统一也佩带此刀。

C. 刺刀，有人称谓"枪刺"。此刀有些特殊，平常与枪分离保存，专归步兵使用，站岗时上在枪上。除此之外，战场上冲锋厮杀时上在枪上。平时外出等活动时佩带。此刀系公刀，归部队所有。

D. 此刀通常叫战刀，一般也叫军刀。系尉官级以上，直到上将级别者，均佩带此战刀，归佩带者所有；一般都为军校毕业时配售之物。

第五节　日军从不佩戴"武装带"

日军中只用腰带，腰带的左侧挂军刀。尉级军官，在其右侧佩戴小型防卫用的手枪（中国人统称"撸子"）。当穿上军上衣时，只见左侧军刀，则看不见右侧的小型手枪。

其次是所谓的皮带。带在军上衣的外侧，军官的皮带是用呢子制成的腰带，它与军上衣的颜色是一样的（不能两样，因为是按军上衣的颜色、质地一样的呢子制成的）。日本军官服，即从尉级以上，即便是夏季，也得穿薄呢子制成的军服，从不穿布料服装。日军也从不佩戴"武装带"。

电视剧《打狗棍》轰动一时，曾得观众好评。其实《打狗棍》中的日军军官全都佩上"武装带"，太不应该"添枝加叶"了。如此不伦不类的电视片还有很多很多，急需纠正之。

第六节　日本军人从来不许留发型，如分头、背头

日本从明治维新以后，官兵一律禁止留发型，非光头不可。与此相反者，就是清朝时代，不但是官兵，就是老百姓也必须留个大长辫子，不留者却被杀头。所以，往日本陆军士官学校留学的学生们怎样呢？日本士官学校不准留发型，这个矛盾怎么解决呢？先把辫子剪掉后加以保存，毕业回国时，再把原来保存的长辫子缝在军帽后边，戴上军帽后仍是"辫子兵"。可没有想到竟在相隔一百多年后的今天，我们的导演们却让光头的日本官兵们，都留起发型，使其现代化，让他们美观起来。不知究竟何意？如《我要当八路》，电视剧中的日本官兵全部都是留发型的，真是奇哉！怪哉！

第七节　空前绝后的比武方式

在如今抗日电视片中，经常出现空前绝后的比武方式。按常规来说，不管是军界的比武，还是体育界的比赛，都要求条件的同一，或者说条件一样才行。如军界的比赛射击，要求同一种枪支，同一目标，同一距离；若是体育界的比赛，以篮球而言，甲乙双方各出五人，必要时允许更换队员，并且可以换篮儿。如果是举重，必须以体重为标准，多少公斤级的运动员参加所规定的举重项目等。

以前出的电影《小兵张嘎》无可非议，可最近拍摄的电视剧《小兵张嘎》却有日本侵略军为一方，而小兵张嘎为另一方，展开军事比武的场面，日本侵略军用短枪，让小嘎子用弹弓，比赛谁打破汽水瓶，多者为胜，少者为负。人世间从

古至今有这样比武的吗？

人类的进步将是一代更比一代聪明，从这个观点来说，今后会产生如此的比武吗？所以说是一种空前绝后的比武方式。如果双方都采用一种方式，即双方先用短枪，后用弹弓，也可能会进行比武，以两种打击方式来决定胜负，还有得可说，情况却不是这样。再者说，小兵张嘎既不是八路军战士，也不是民兵的成员，充其量是个"儿童团娃娃"，因打弹弓而出众。也许是导演有意要表现小兵张嘎的弹弓准，不次于日本兵的短枪，做了夸张的表演。但我们还是希望要尊重历史，尊重事实，今后排剧、排文艺节目，渴望再不要出现此类场面，应严守基本常识的底线。

第八节　日军士兵与军官服装之区别

日军士兵之服装，即从二等兵到曹长（上士）均是无偿发给的，而军官服装，即从尉级一直到将官级的服装都配售，是有偿的。因为从尉级军官开始，都是职业军人，待遇不仅从优，而且服装的原料质地也不同，从来不用布料，均属呢绒制品，就是夏季服装，也用很薄的毛料制成的。其颜色比士兵服稍微深绿些。其次就是士兵只有两个兜儿，军官服为四个兜儿，而且与中国军服相反，除兜盖儿为明盖外，兜为暗兜儿，一看就一目了然。可是很多电视片中出现的是几乎形形色色，还要"添枝加叶"，其结果，反而"弄巧成拙"。

第九节　坚决纠正"无中生有"的一些东西

（一）日本军队在和平时期可与家属同居外、战争时期绝不准带家属。那么沦陷区经常看到"身着私服"的日本妇女，这又是怎么回事？这些都是地方官员的家属。如车站站长，煤矿矿长，学校的校长，把他们归纳到日本侨民的范围内，就不属于军人了。

（二）日本军队中是没有女兵，更没有女官。但有些电视片中却出现一些女军官，这都违背现实。日本军野战医院的医生及护士都是男的，没一个女的，除后方医院或大城市医院，只有女医官及女护士。这种规定是非常严格的。

第十节　影视中未曾出现慰安妇问题

纵观所有抗日影视片中，不仅出现了日军女军官，而且军衔大都在尉官、校官一级，这是绝对没有的事。今后拍片子，应予以消除。但慰安妇一事，不论那部影视篇里，都没有反映出来，令人深感不足和遗憾。

那么，慰安妇是怎么产生的呢？因为此举是违背天良的事情，所以，日本军国主义分子千方百计地加以隐瞒。中国有句名言，叫作"要想人不知，除非己莫为"，就连文盲也知道，"纸里包不住火"的道理。因此也就产生了"欲盖弥彰"的连锁反应。久而久之则成了公开的"秘密"。因为日本官方千方百计地隐瞒此事，所以查不出有关文件，但是日本一流的大辞典《广辞苑》中，对"慰安妇"一词，却有这样的解释：跟随战地部队慰安官兵的女子。看来"战地"二字是关键。

日本自明治维新以后，"战地"全是由侵略产生的战地，从甲午战争、日俄战争，一直到九一八事变。随着侵略邻国，就从朝鲜、中国、菲律宾等国，强行争夺良家妇女中的妙龄女子，秘密送到前线，不仅强迫充当军队的"性奴隶"，战争紧张时，还要充当搬运工的苦劳力。可一旦战事对日本紧急，却先把这些慰安妇统统杀死，而后撤退，还美其名曰：为了军事保密。所以，现在慰安妇的幸存者，都是中弹后未死活下来的人。像这样丧心病狂、绝无人性的野兽行为，直到二战胜利70周年的今天，在日本国内掌权的右翼分子，对慰安妇问题，毫无悔过的表现，却和"南京大屠杀"一样，不予承认。

再谈到慰安妇的数量，也是极其惊人，有人说不少于20万人，有人说超过了30万人。为了证实这一说法，作者查找了有关资料，仅从曾参加过"南京大屠杀"的日军上等兵东史郎的《东史郎日记图证》一书中，刊载的上海杨家宅就有三处慰安妇所，每所按其所述，以120人计算就达360人之多。而且这些人的结局都是"统统枪杀"，极其悲惨。可惜，我们拍过的诸多抗日影视片，对慰安妇的问题却很少有揭露和描述的，这无论对于教育我们年轻一代，还是忠实地反映历史原貌来说，都是一种深深的遗憾。

第十一节　关于悬挂画像的问题

就中华民国国民革命军而言，在办公室悬挂孙中山先生的肖像是对的，因为孙中山是中华民国的创立者，一直被人称为"国父"。但在历史上，却是从不挂蒋介石肖像的，因此，有些电视剧中竟出现蒋介石的肖像，这明显不妥。

同样，许多抗日影视片中，还出现悬挂日本天皇的照片，这就更属于谬误。因为，日本人把天皇和皇后的照片称作"御真影"，由机关、学校、部队等单位保管，专设"御真影室"，存放在里面。并且把天皇的诞辰叫作"天长节"，把皇后的诞辰叫作"地久节"，所以，每年的天长节和地久节这天，都会从御真影室里搬出肖像，让人们（包括殖民地人民）共同参拜，散会后放假一天，并吃好吃的，以示"皇恩"。就连伪满洲国的傀儡皇帝溥仪的照片，也送到日本，存放在"御真影室"，他的诞辰叫"万寿节"，到了万寿节这天，举行与日本同样的庆典，以示傀儡皇帝的"皇恩"。所以，希望再拍摄新片时，不要再出现这种有违历史的错误。

第十二节　军队的礼节

还有一点要特别提及，就是现在电视片中出现的日军官兵的礼节，几乎全是戴着军帽把头一低，就算是敬礼，其实不然。在日军军队中，礼节是有严格规定的，它分为室内和室外的敬礼不同，徒手和持枪的敬礼也不同。简述如下：

在室内敬礼要脱帽，向级别高的长官行鞠躬礼，上身向前倾斜30度；在室外则戴着军帽，行举手的敬礼，即右手的五指并拢，接触到帽檐儿的右角上。但绝对不允许像电视片里，不戴军帽也可以施行举手礼的。徒手时，和前述室内和室外的敬礼是一样的，但持枪时的敬礼就不同了。如正在值勤、站岗时，来了士官，从稍息的姿势马上"立正"，就行了；来了尉级以上的军官，两手举起枪支于胸前，目送目迎，然后回到原来的姿势。中国士兵，则是将左手附到右手持枪上，即是行礼。

第十三节　为了打造精品应注意采取的事项

（一）不应出现的场面：日本军官不论出现多少人（如开会等），必须每个人都配军刀。遗憾的是发现多数电视剧中，却有不带军刀的，这是不对的。

（二）不论在训练场上，还是在战场上，不应出现争抢用一个望远镜的场面（镜头），因为从尉级军官起，当他们从军校毕业时，都配给一把军刀、一架望远镜、一只微型手枪的。所以，从尉级军官以上，每人都有，出现抢用一个望远镜是不符合实际情况的。

（三）关于日军语言方面的表述方法，不能只用"八嘎、哈伊"两句日语，其他全用汉语。尽量用"因声传译"的方式，在屏幕上出现汉字；或有条件时，日方全用日语，屏幕上出现（译文）汉字则更好。

（四）以往出现的称呼里，出现很多"君"的字样，君的读音是"kun"（昆），表示长辈或同辈男性的"爱称"。如小川君、中村君，意思等同中国的小王、老李的意思。但从未发现"殿"字，其读音是"DAO NO"，意为先生之意，多用于从班长起，直到大佐（即上校）使用，接姓氏之后。

第十四节　地位高低的称谓

关于地位高低，其称呼如下，渴望牢记：

（一）对皇帝、国王称呼陛下。

（二）对皇室，如皇帝的弟弟，称呼殿下。

举例：对日本昭和天皇，日本人称呼陛下，对其弟弟，二弟，称呼秩父宫殿下；三弟，称呼三笠宫殿下。我国清代也是如此，如"××"醇亲王殿下。

（三）对少将以上的中将、大将（上将）到元帅，则称呼阁下。

（四）在日本军内的习惯上，从分队（班）到联队（团）的级别，称呼"殿"（读 DAO NO），一般习惯上前面接职务，如联队长殿，从不称其军衔如大佐殿（译成汉语：即团长先生，从不说大佐先生之意）。

而国军方面也有个习惯称呼：对军长称呼军座，对师长称呼师座……一直到连长称呼连座。排以下就没有用"座"的称谓了。对日军的称呼一定牢牢记住。对国军的称呼仅供参考，没有必要去牢记。

中日军衔图解之正确军衔

（1912 年 8 月至 1929 年 9 月）

中国军队：（图示 A-1）

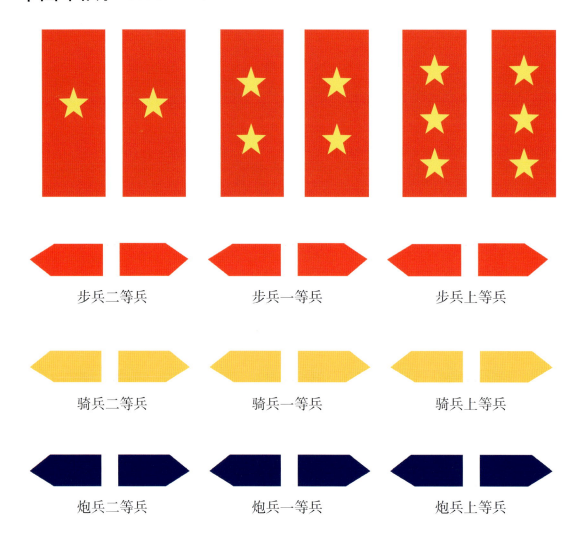

简要说明：

　　此图指的是满清政府垮台，中华民国成立之初北洋军阀和国民革命军佩戴的肩式纵向军衔，这时必须是硬领（直领）上同时佩戴兵种领章。从二等兵起，直到上校为止（即兵级、士官级、尉官级、校官级）。

（1911 年至 1937 年）

日本军队：（图示 a-1）

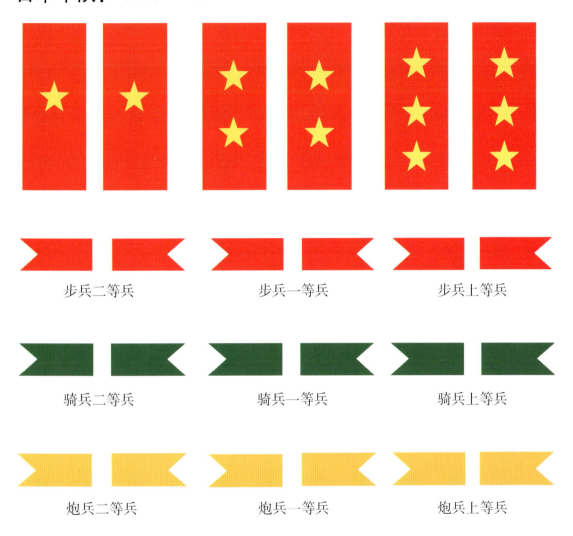

步兵二等兵	步兵一等兵	步兵上等兵
骑兵二等兵	骑兵一等兵	骑兵上等兵
炮兵二等兵	炮兵一等兵	炮兵上等兵

简要说明：

　　日本军队很早就制定了军衔制度，他们与中国军队早期的军衔相同，比如：同样是佩戴纵向肩章，同时佩戴显示兵种的领章；不同之处在于，日本军衔是箭尾式领章，而中国是箭头式领章。其颜色，中国、日本的步兵均为红色，但骑兵和炮兵就不同了，骑兵中国为黄色，日本为绿色；炮兵中国为蓝色，日本为黄色。

中国军队：（图示 A-2）

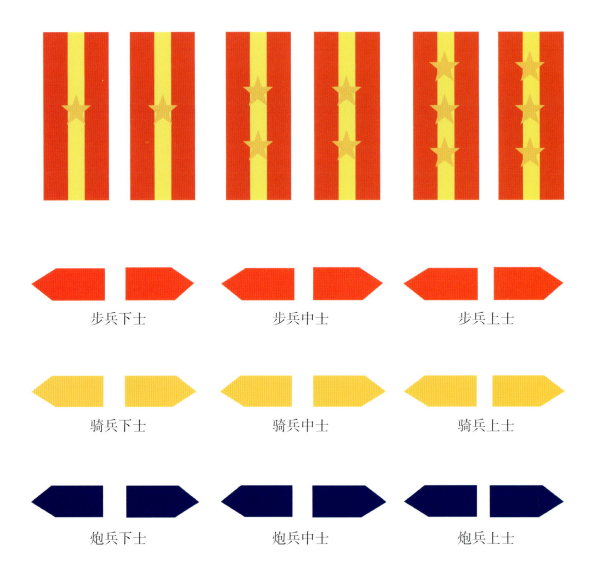

步兵下士　　　　步兵中士　　　　步兵上士

骑兵下士　　　　骑兵中士　　　　骑兵上士

炮兵下士　　　　炮兵中士　　　　炮兵上士

日本军队：（图示 a-2）

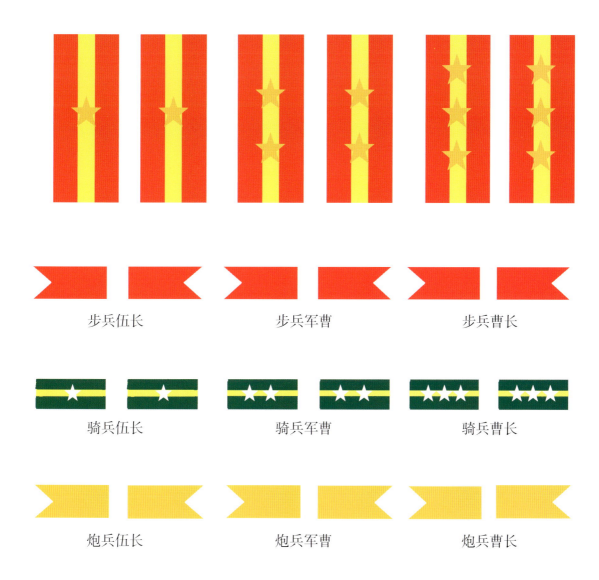

步兵伍长　　　步兵军曹　　　步兵曹长

骑兵伍长　　　骑兵军曹　　　骑兵曹长

炮兵伍长　　　炮兵军曹　　　炮兵曹长

简要说明：

　　中日两军均用汉字，但其称谓有些不同。如对士官的称谓，日军从下到上称伍长、军曹、曹长；中国则称下士、中士、上士。

中国军队：（图示 A-3）

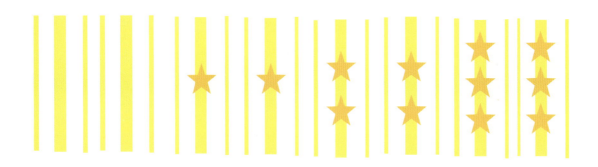

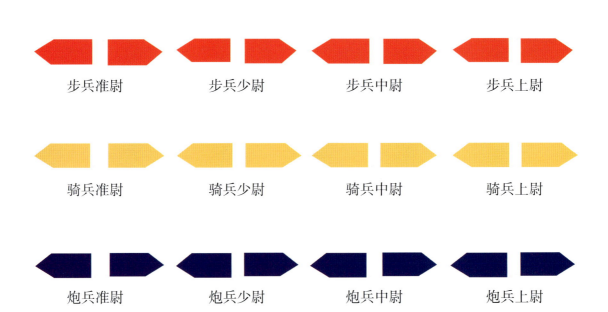

步兵准尉	步兵少尉	步兵中尉	步兵上尉
骑兵准尉	骑兵少尉	骑兵中尉	骑兵上尉
炮兵准尉	炮兵少尉	炮兵中尉	炮兵上尉

简要说明：

　　此页展示的是肩式纵向军衔，同时必须佩戴兵种领章，领子必须是硬领。

日本军队：（图示 a-3）

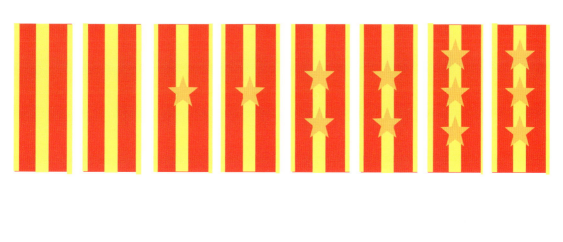

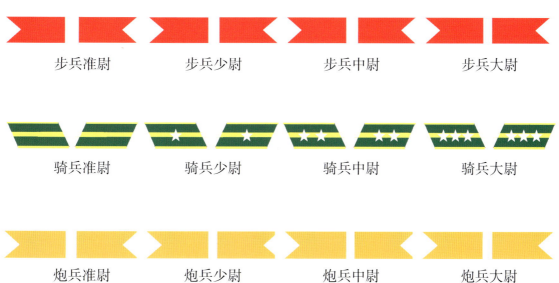

步兵准尉　　　步兵少尉　　　步兵中尉　　　步兵大尉

骑兵准尉　　　骑兵少尉　　　骑兵中尉　　　骑兵大尉

炮兵准尉　　　炮兵少尉　　　炮兵中尉　　　炮兵大尉

中国军队：（图示 A-4）

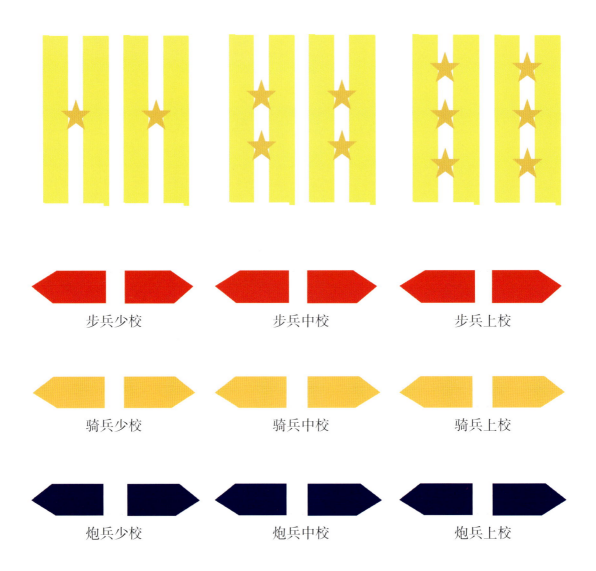

步兵少校　　　　　步兵中校　　　　　步兵上校

骑兵少校　　　　　骑兵中校　　　　　骑兵上校

炮兵少校　　　　　炮兵中校　　　　　炮兵上校

日本军队：（图示 a-4）

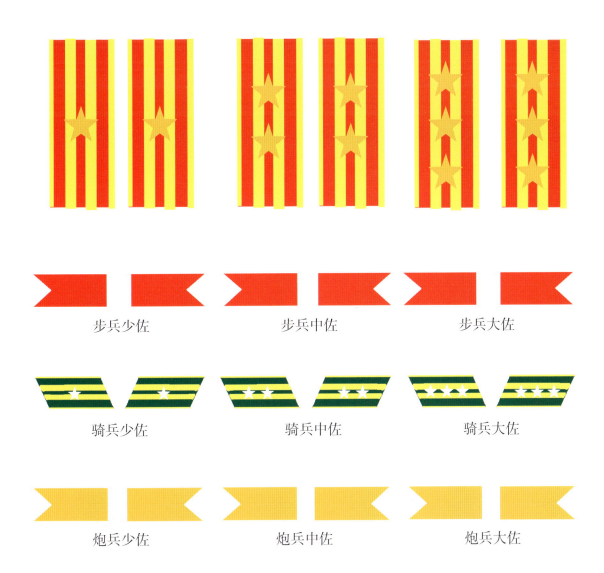

步兵少佐　　步兵中佐　　步兵大佐

骑兵少佐　　骑兵中佐　　骑兵大佐

炮兵少佐　　炮兵中佐　　炮兵大佐

简要说明：

　　中日两军对校官的称谓也不同，中国从下到上称少校、中校、上校；日军则称少佐、中佐、大佐。

中国军队：（图示 A-5）

陆军少将	陆军中将	陆军上将
海军少将	海军中将	海军上将
空军少将	空军中将	空军上将

日本军队：（图示 a-5）

陆军少将	陆军中将	陆军大将
海军少将	海军中将	海军大将
航空兵少将	航空兵中将	航空兵大将

简要说明：

　　中国军队的军衔（军阶）一到将官级别，就不佩戴兵种符号，只佩戴军种符号，其颜色与肩式军衔同为黄色，如陆军上将，海军中将，空军少将。但日本未设独立空军，只有陆军航空兵和海军航空兵，日本媒体简称"陆鹫"和"荒鹫"。

中国军队：（图示 A-6）

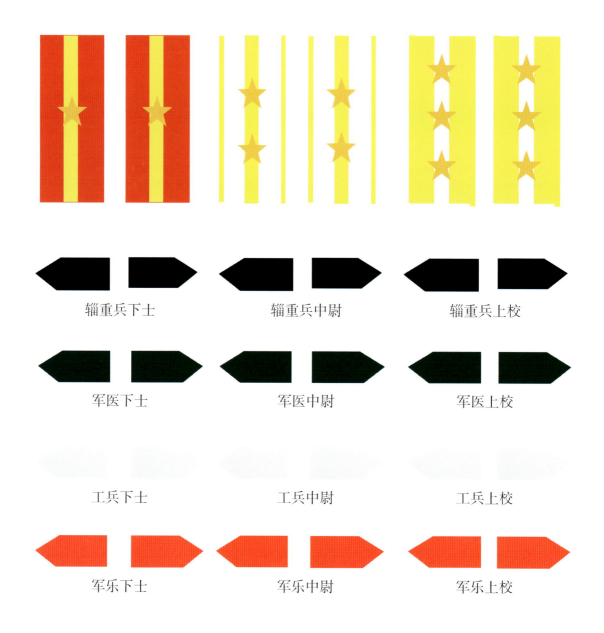

辎重兵下士　　辎重兵中尉　　辎重兵上校

军医下士　　军医中尉　　军医上校

工兵下士　　工兵中尉　　工兵上校

军乐下士　　军乐中尉　　军乐上校

简要说明：

此处展示的是中国军队其他兵种士级、尉级、校级军衔，兵种以领章颜色区分。

日本军队：（图示 a-6）

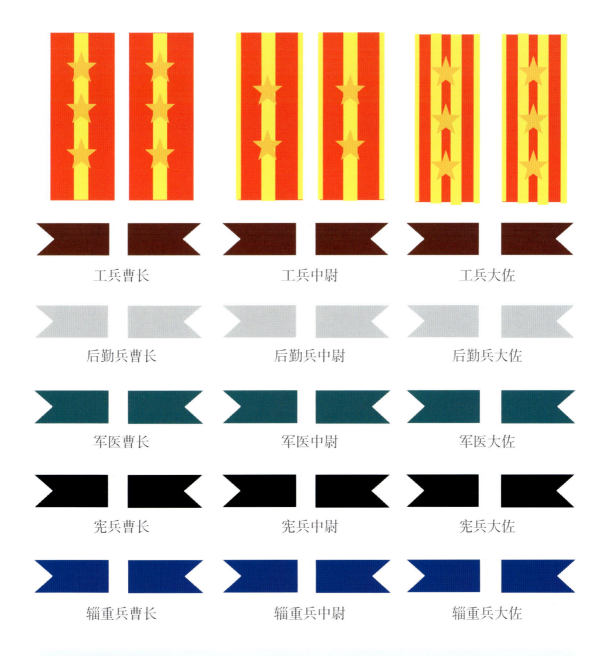

简要说明：

　　此处展示的是日军其他兵种兵级、尉级、校级军衔，兵种以领章颜色区分。

（1929年9月至1936年1月）

中国军队：（图示B-1）

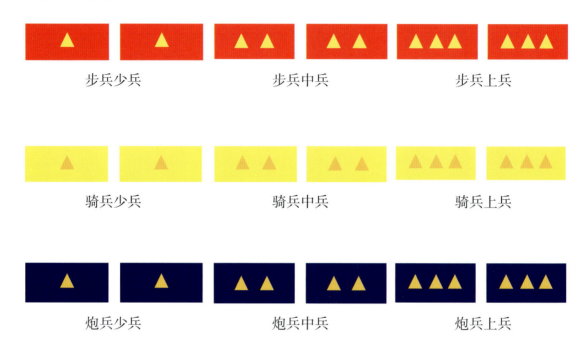

步兵少兵　　　　　步兵中兵　　　　　步兵上兵

骑兵少兵　　　　　骑兵中兵　　　　　骑兵上兵

炮兵少兵　　　　　炮兵中兵　　　　　炮兵上兵

简要说明：

　　结束了北洋军阀混战，国民政府对军衔开始进行改革，由肩式军衔改为领式军衔，形状为长方形，上面的五星也改成三角；其兵种显示由军衔质地的颜色来表示。比如：底色为红色，表示步兵兵种；底色为黄色，表示骑兵兵种；底色为蓝色，表示炮兵兵种。

　　另外，士兵的称谓此时也发生变化，二等兵、一等兵、上等兵，分别改称少兵、中兵、上兵；但也有的部队还保留了以前的称谓。

（1911 年至 1937 年）

日本军队：（图示 b-1）

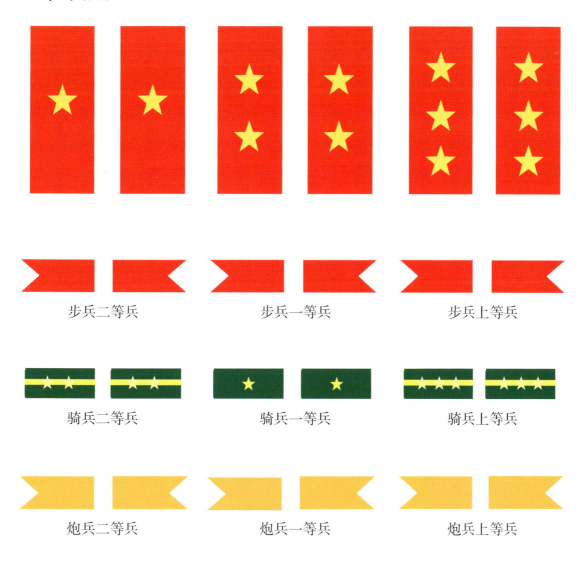

步兵二等兵　　　　步兵一等兵　　　　步兵上等兵

骑兵二等兵　　　　骑兵一等兵　　　　骑兵上等兵

炮兵二等兵　　　　炮兵一等兵　　　　炮兵上等兵

简要说明：

　　然而此一时期，日本军队依然在沿用着过去的军衔制度，包括 1931 年侵略中国之后。因此，从这里往下的军衔与（图示 a-1 至 a-6）同，只为了与同期的中国军队军衔做个对比。

中国军队：（图示B-2）

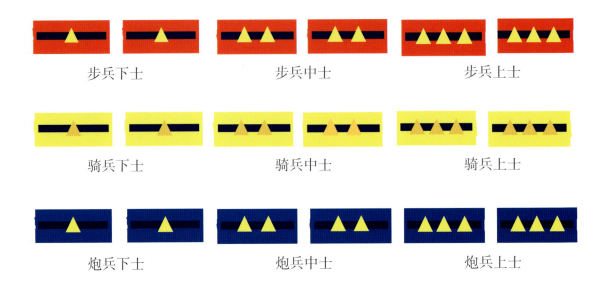

步兵下士　　　　　　　步兵中士　　　　　　　步兵上士

骑兵下士　　　　　　　骑兵中士　　　　　　　骑兵上士

炮兵下士　　　　　　　炮兵中士　　　　　　　炮兵上士

简要说明：

　　兵级军衔，在中国军队中是个另类，因为所有的军衔除兵级、将官级之外，它们在底色中间都有一条金黄杠，或两条金黄色黄杠，唯独兵级不论步兵、骑兵、炮兵，或者其他兵种，都没有杠杠，这一点与日军相同。

日本军队：（图示 b-2）

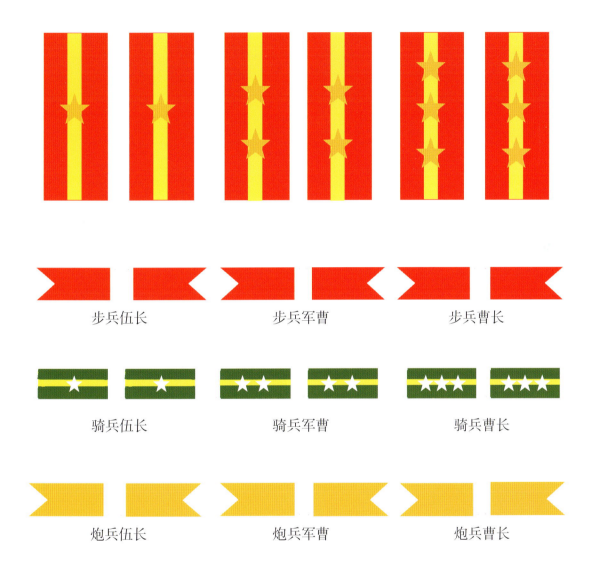

步兵伍长　　　　步兵军曹　　　　步兵曹长

骑兵伍长　　　　骑兵军曹　　　　骑兵曹长

炮兵伍长　　　　炮兵军曹　　　　炮兵曹长

中国军队：（图示 B-3）

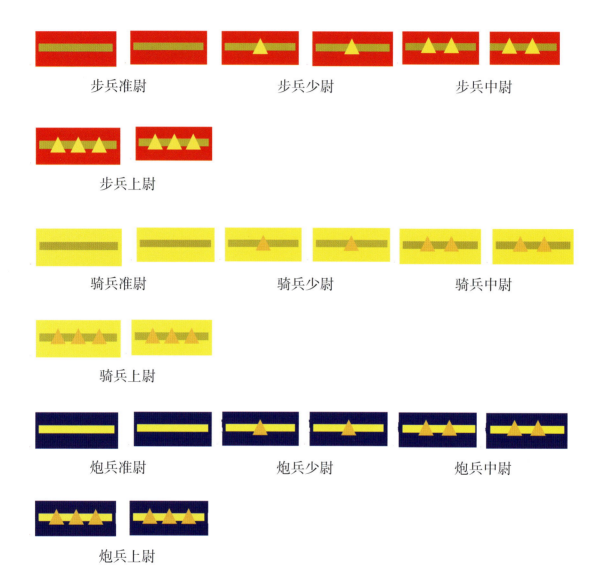

步兵准尉　　　　步兵少尉　　　　步兵中尉

步兵上尉

骑兵准尉　　　　骑兵少尉　　　　骑兵中尉

骑兵上尉

炮兵准尉　　　　炮兵少尉　　　　炮兵中尉

炮兵上尉

日本军队：（图示 b-3）

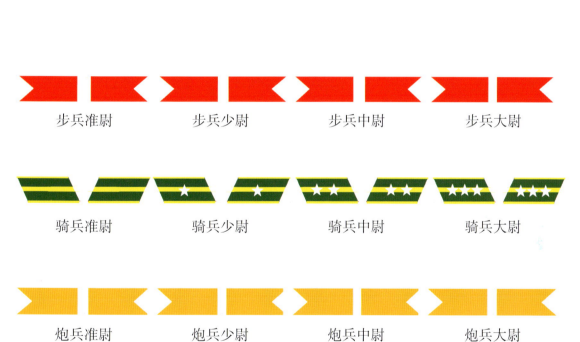

步兵准尉	步兵少尉	步兵中尉	步兵大尉

骑兵准尉	骑兵少尉	骑兵中尉	骑兵大尉

炮兵准尉	炮兵少尉	炮兵中尉	炮兵大尉

中国军队：（图示 B-4）

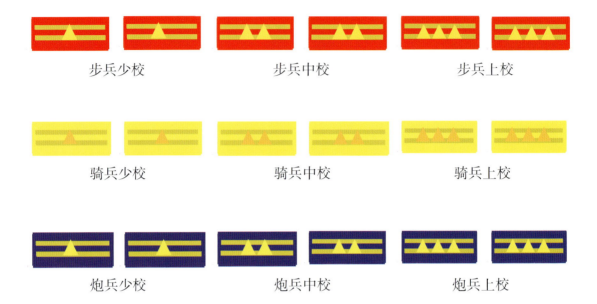

步兵少校　　　　步兵中校　　　　步兵上校

骑兵少校　　　　骑兵中校　　　　骑兵上校

炮兵少校　　　　炮兵中校　　　　炮兵上校

日本军队：（图示 b-4）

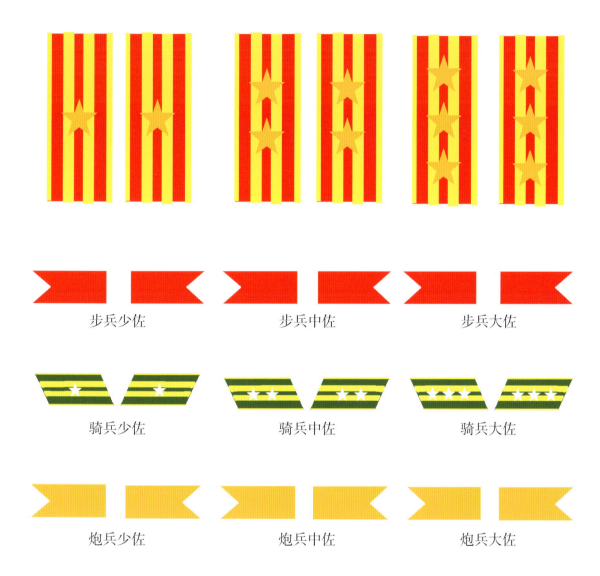

步兵少佐　　　　步兵中佐　　　　步兵大佐

骑兵少佐　　　　骑兵中佐　　　　骑兵大佐

炮兵少佐　　　　炮兵中佐　　　　炮兵大佐

中国军队：（图示 B-5）

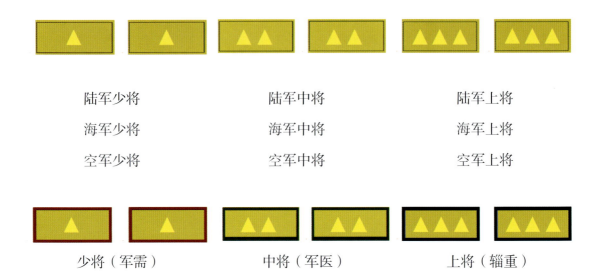

陆军少将	陆军中将	陆军上将
海军少将	海军中将	海军上将
空军少将	空军中将	空军上将

少将（军需）　　　　中将（军医）　　　　上将（辎重）

简要说明：

此图下面一行图案，展示的是陆军其他兵种的将级军衔。

日本军队：（图示 b-5）

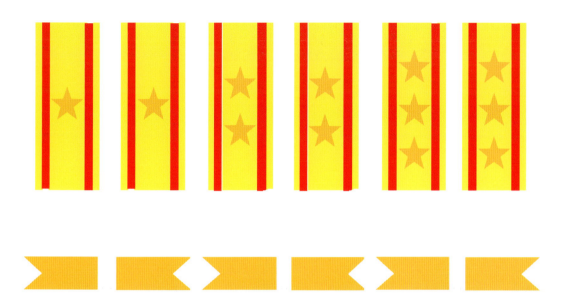

陆军少将　　　　陆军中将　　　　陆军大将

海军少将　　　　海军中将　　　　海军大将

航空军少将　　　航空军中将　　　航空军大将

中国军队：（图示 B-6）

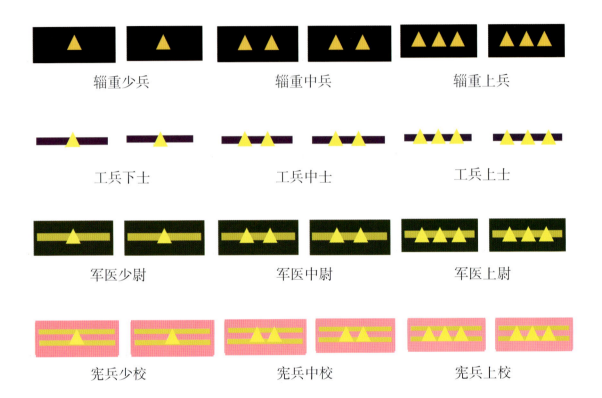

辎重少兵　　　　　　辎重中兵　　　　　　辎重上兵

工兵下士　　　　　　工兵中士　　　　　　工兵上士

军医少尉　　　　　　军医中尉　　　　　　军医上尉

宪兵少校　　　　　　宪兵中校　　　　　　宪兵上校

简要说明：

　　此处展示的是中国军队陆军其他兵种的军衔。

日本军队：（图示 b-6）

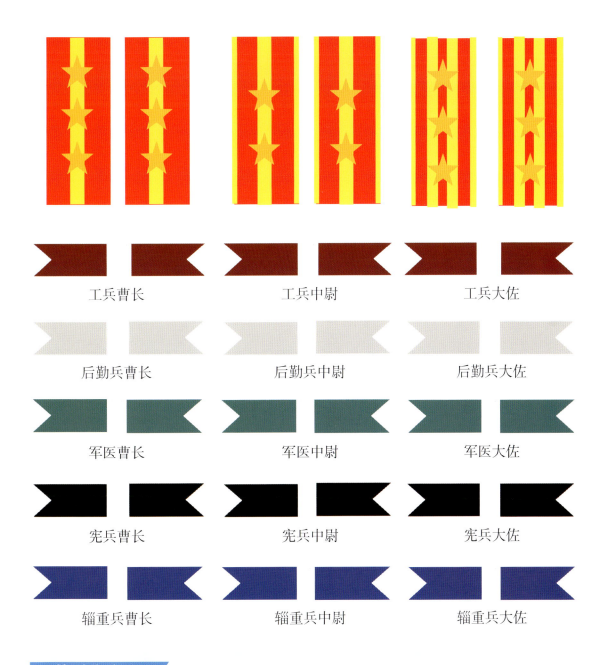

工兵曹长	工兵中尉	工兵大佐
后勤兵曹长	后勤兵中尉	后勤兵大佐
军医曹长	军医中尉	军医大佐
宪兵曹长	宪兵中尉	宪兵大佐
辎重兵曹长	辎重兵中尉	辎重兵大佐

简要说明：

　　此处展示的是日本军队陆军其他兵种兵级、尉级、校级军衔，兵种以领章颜色区分。

（1936 年 1 月至 1946 年 3 月）

中国军队：（图示 C-1）

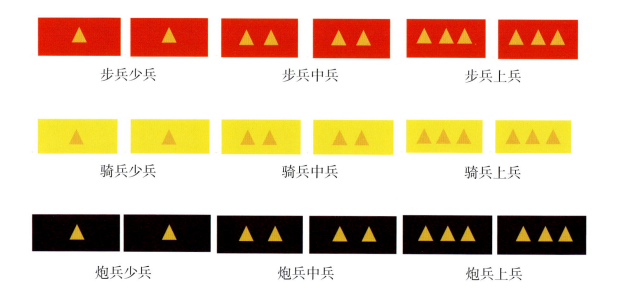

步兵少兵　　　　　　步兵中兵　　　　　　步兵上兵

骑兵少兵　　　　　　骑兵中兵　　　　　　骑兵上兵

炮兵少兵　　　　　　炮兵中兵　　　　　　炮兵上兵

简要说明：

　　中国军队在 1936 年再次对军衔进行全面改制。有的地方与之前没什么区别，而有的地方则区别很大，望仔细甄别，以免传为笑柄。

（1938 年至 1945 年）

日本军队：（图示 c-1）

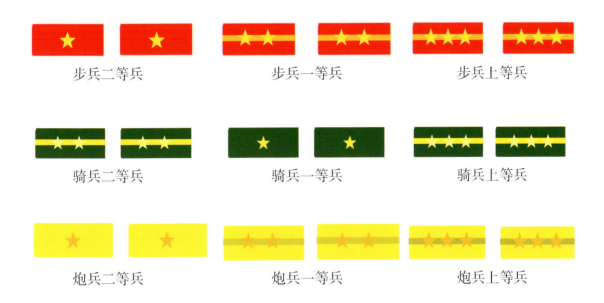

步兵二等兵	步兵一等兵	步兵上等兵
骑兵二等兵	骑兵一等兵	骑兵上等兵
炮兵二等兵	炮兵一等兵	炮兵上等兵

简要说明：

　　日军在二十世纪三十年代后期，由原来的肩式军衔，也逐渐改成领式军衔，并把直领（硬领）改成翻领（软领）。这里展示的是日军领式军衔，其与中国军衔不同之处是除了兵级与士级军衔为长方形，其他均为平行四边形；里面的形状也与中国军衔的三角不同，均为星形；其底儿红色为步兵，绿色为骑兵，黄色为炮兵。

中国军队：（图示 C-2）

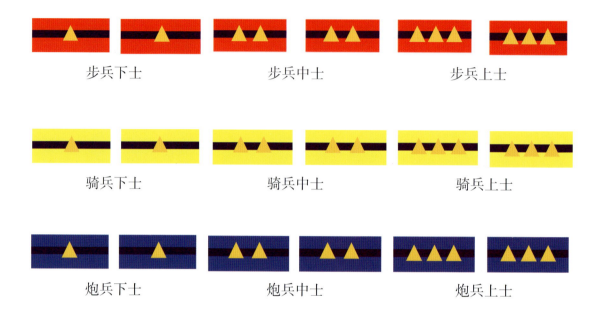

步兵下士　　　　　　步兵中士　　　　　　步兵上士

骑兵下士　　　　　　骑兵中士　　　　　　骑兵上士

炮兵下士　　　　　　炮兵中士　　　　　　炮兵上士

简要说明：

此图为中国军队士官军衔。

日本军队：（图示 c-2）

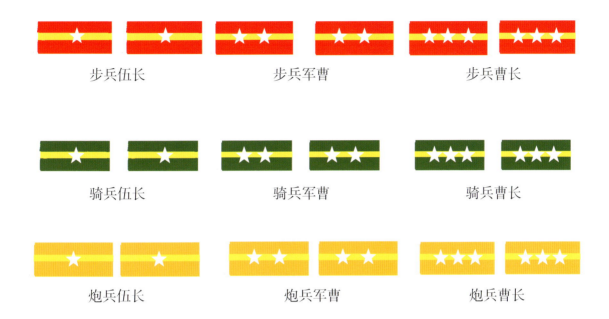

步兵伍长　　　步兵军曹　　　步兵曹长

骑兵伍长　　　骑兵军曹　　　骑兵曹长

炮兵伍长　　　炮兵军曹　　　炮兵曹长

简要说明：

　　此图展示的是日军士官军衔。除兵级星星为金黄色，士级、尉级、校级的星星全应为银白色。

中国军队：（图示C-3）

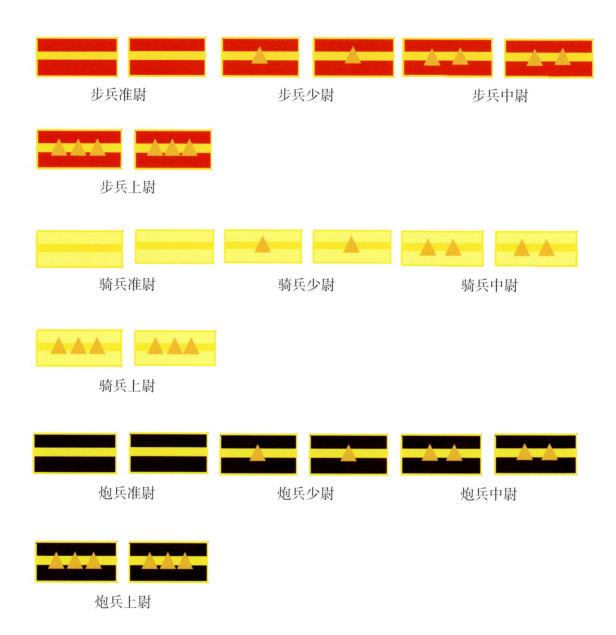

步兵准尉　　　　　　步兵少尉　　　　　　步兵中尉

步兵上尉

骑兵准尉　　　　　　骑兵少尉　　　　　　骑兵中尉

骑兵上尉

炮兵准尉　　　　　　炮兵少尉　　　　　　炮兵中尉

炮兵上尉

日本军队：（图示 c-3）

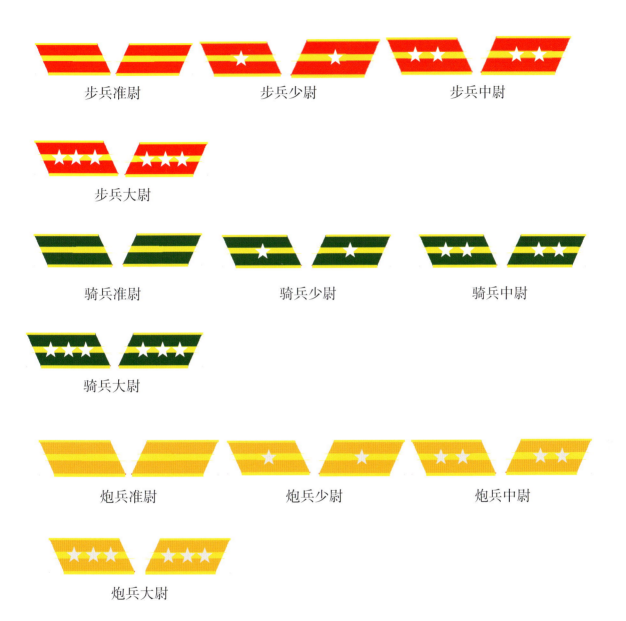

步兵准尉　　步兵少尉　　步兵中尉

步兵大尉

骑兵准尉　　骑兵少尉　　骑兵中尉

骑兵大尉

炮兵准尉　　炮兵少尉　　炮兵中尉

炮兵大尉

中国军队：（图示 C-4）

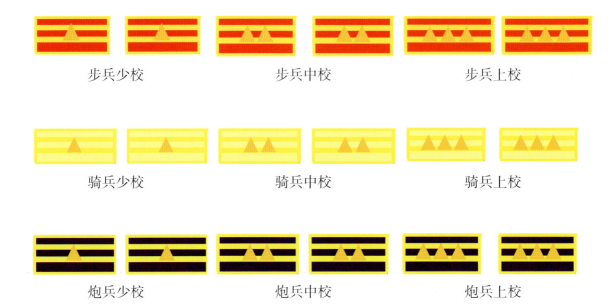

步兵少校　　　　　　步兵中校　　　　　　步兵上校

骑兵少校　　　　　　骑兵中校　　　　　　骑兵上校

炮兵少校　　　　　　炮兵中校　　　　　　炮兵上校

日本军队：（图示 c-4）

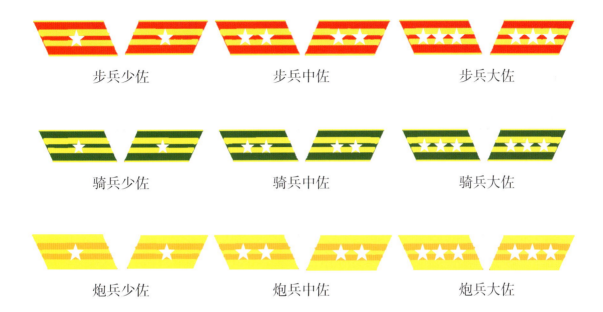

步兵少佐　　　　步兵中佐　　　　步兵大佐

骑兵少佐　　　　骑兵中佐　　　　骑兵大佐

炮兵少佐　　　　炮兵中佐　　　　炮兵大佐

简要说明：

　　日本校官军衔的称谓与中国有所差别，即少校称少佐，中校称中佐，上校称大佐，但不称佐官。

中国军队：（图示 C-5）

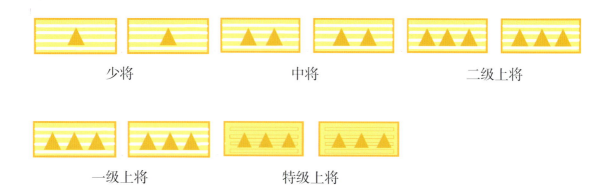

少将　　　　　　　　中将　　　　　　　二级上将

一级上将　　　　　　特级上将

这里，一级上将与二级上将的图案与颜色相同。特级上将是军衔体系中的最高等级，一般授予一国武装力量的最高统帅。

日本军队：（图示 c–5）

陆军少将	陆军中将	陆军大将
海军少将	海军中将	海军大将
航空军少将	航空军中将	航空军大将

简要说明：

日本军队与中国国民革命军一样，将官军衔只有军种，没有兵种。

中国军队：（图示 C-6）

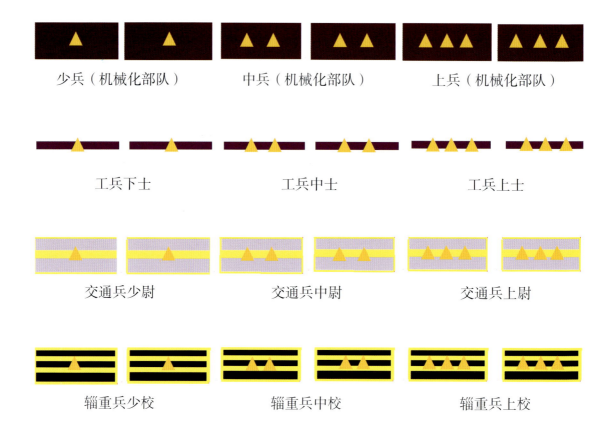

少兵（机械化部队）　　　中兵（机械化部队）　　　上兵（机械化部队）

工兵下士　　　　　　　工兵中士　　　　　　　工兵上士

交通兵少尉　　　　　　交通兵中尉　　　　　　交通兵上尉

辎重兵少校　　　　　　辎重兵中校　　　　　　辎重兵上校

此图展示的是中国军队陆军其他兵种的军衔。

日本军队：（图示 c-6）

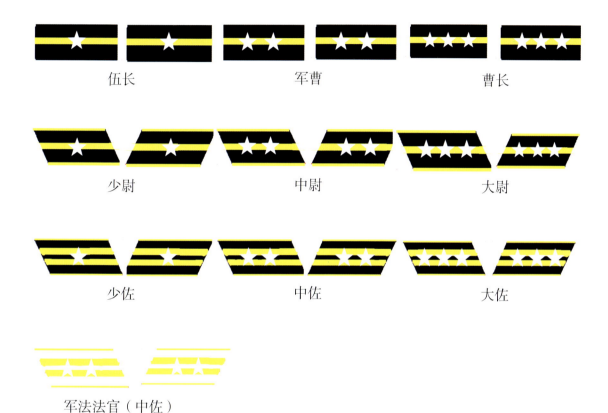

伍长　　　　　　　　军曹　　　　　　　　曹长

少尉　　　　　　　　中尉　　　　　　　　大尉

少佐　　　　　　　　中佐　　　　　　　　大佐

军法法官（中佐）

简要说明：

　　宪兵在诸兵中属于特殊兵种；而军法法官又是一个特殊军人。这里只展示日本的。宪兵中最低军衔为士官，最高为大佐，没有兵，也没有将军。军衔质地为黑色。当值勤时，只有士官佩戴红色袖章，平时不带。士官佩戴马刀，以及十四年式手枪（宪兵专用，东北人称王八盒子）。尉级以上佩带战刀。

中国军队：（臂章）

团级

师级

旅级

旅级

军级

新编军级

简要说明：

臂章佩戴在左臂。

日本军队：（袖章）

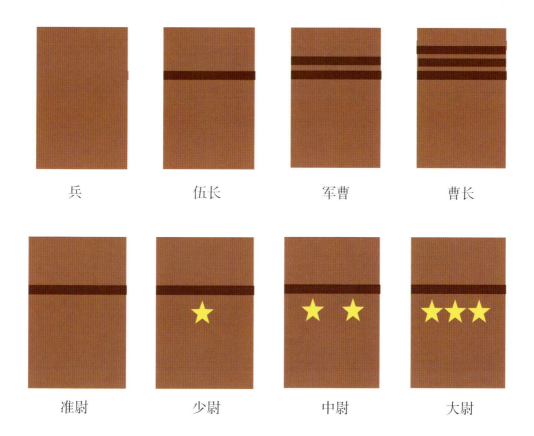

兵	伍长	军曹	曹长

准尉	少尉	中尉	大尉

简要说明：

　　此图为日军军服上的袖章，也是戴在左臂。袖章与臂章的区别，它是套在胳臂上的。

中国军队：（臂章）

八路军臂章

新四军臂章

简要说明：

　　当时的"八路军"，全称叫国民革命军第八路军，是由中国工农红军改编而成，归属国民政府领导。1937年9月12日，又改称国民革命军第十八路集团军。1938年初，南方的红军游击队，整编为国民革命军陆军新编第四军，简称"新四军"。改编后，八路军、新四军都佩戴"青天白日"帽徽，皖南事变后才取消。

日本军队：（袖章）

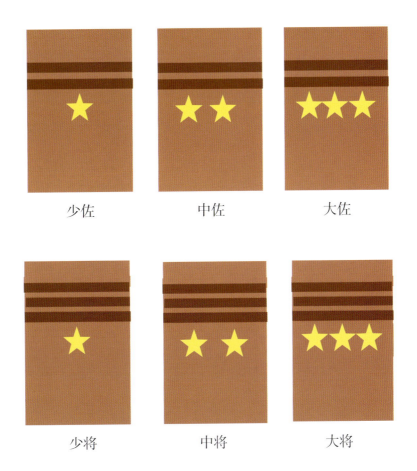

少佐　　　　　　　中佐　　　　　　　大佐

少将　　　　　　　中将　　　　　　　大将

此图为日军军服上的袖章。

中国军队：（胸章）

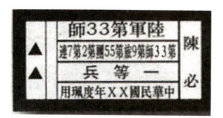

士兵级（一等兵）

尉级军官（上尉）

将级军官（中将）

将级军官（上将）

简要说明：

　　胸章以四边颜色显示。红色为将级，黄色为校级，蓝色为尉级，士官及兵为黑色，兵的符号上没有竖之杠杠。中国军队的胸章佩戴在左胸。三角星数字显示是△表示下；△△表示中；△△△表示上。

日本军队：（胸章）

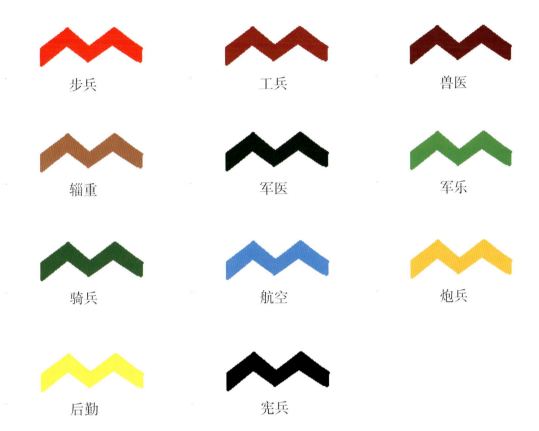

步兵	工兵	兽医
辎重	军医	军乐
骑兵	航空	炮兵
后勤	宪兵	

简要说明：

　　此图为日本军队显示兵种的胸章。与中国军队不同，他们的胸章佩戴于右胸。左胸佩戴勋章。

中国军队：（勤务符号）

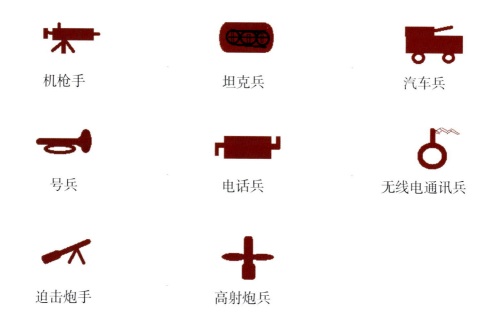

机枪手　　　　　坦克兵　　　　　汽车兵

号兵　　　　　电话兵　　　　　无线电通讯兵

迫击炮手　　　　　高射炮兵

简要说明：

　　中国军队的勤务符号，佩戴于左衣袖距袖口 12 厘米处，由红色呢布裁剪成。

日本军队：（勤务符号）

见习生　　　　　预备役士　　　　　官电话兵

坦克兵　　　　　汽车兵　　　　　师通讯队

山炮　　　　　　重炮

简要说明：

　　日本军队的勤务符号，佩戴在两个衣领军衔的后面，有的还要在上面缀上部队番号，如24，表示隶属第24师团军。

（1946 年 3 月以后）

中国军队：（图示 D-1）

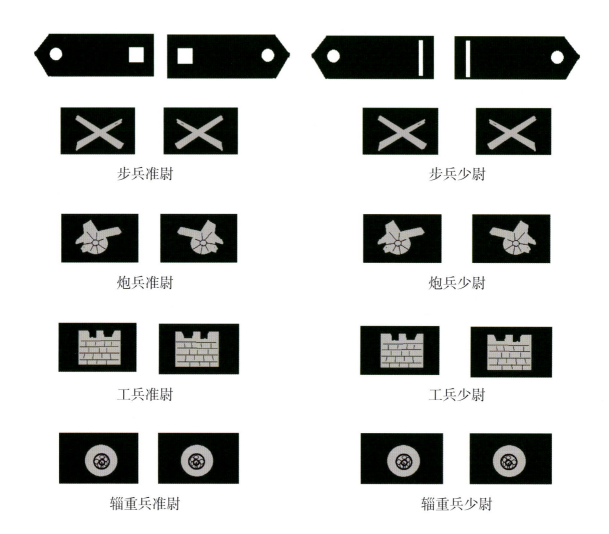

步兵准尉　　　　　　　　　　步兵少尉

炮兵准尉　　　　　　　　　　炮兵少尉

工兵准尉　　　　　　　　　　工兵少尉

辎重兵准尉　　　　　　　　　辎重兵少尉

简要说明：

　　此处所示者，系 1946 年后中国军队改为美式军衔，在两肩上横向佩戴，同时衣领上佩戴兵种领花，没见过士官佩戴，只见过从准尉起，到上将为止。

中国军队：（图示 D-2）

步兵中尉

步兵上尉

炮兵中尉

炮兵上尉

工兵中尉

工兵上尉

辎重兵中尉

辎重兵上尉

中国军队：（图示 D-3）

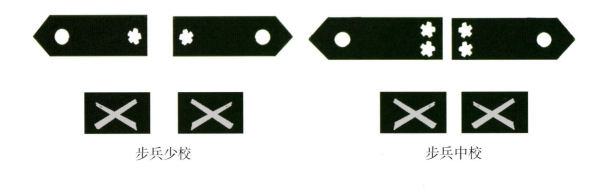

步兵少校　　　　　　　　　步兵中校

步兵上校

中国军队：（图示 D-4）

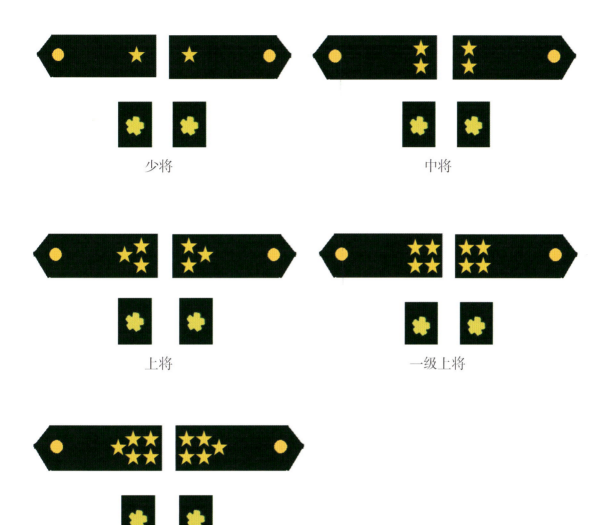

少将　　　　　　　　　　中将

上将　　　　　　　　　　一级上将

特级上将

简要说明：

　　将级领花是金黄色的梅花，肩章也是金黄色五角星；而校官领花是银白色的领花，与尉官级相同。

中日军衔图解之错误军衔

中国军队：（图示 E-1）

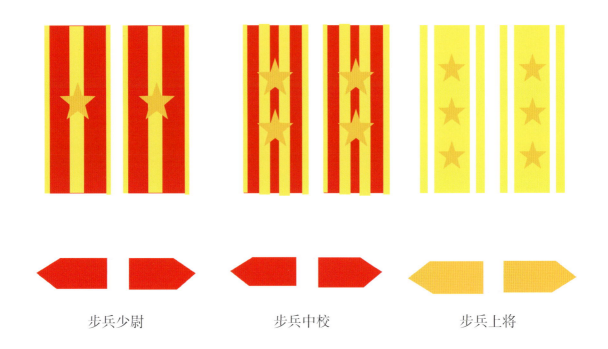

步兵少尉 步兵中校 步兵上将

　　在 1929 年以前的中国军队，军衔是在肩章上显示，兵级和士级肩章与日本军队相同，从尉级开始有区别。尉级的底色是白色，中间有一道黄杠；校级的底色是黄色，中间有一道白杠。到了将级军官，他们的底色全部是黄色，没有白色、黄色、红色的杠杠。

日本军队：（图示 e-1）

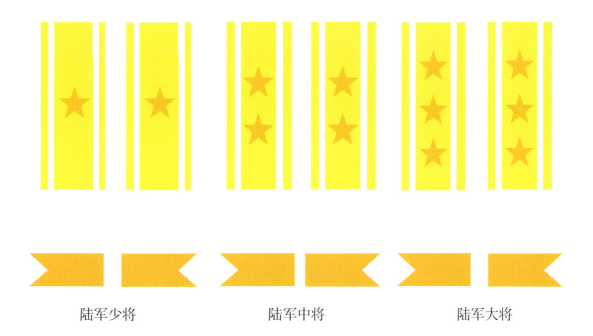

陆军少将   陆军中将   陆军大将

  1937 年以前，日本军队将级军官的肩章，底色为黄色不错，但中间的两条竖杠却不是白色，而应为红色，这点切记。

中国军队：（图示 E-2）

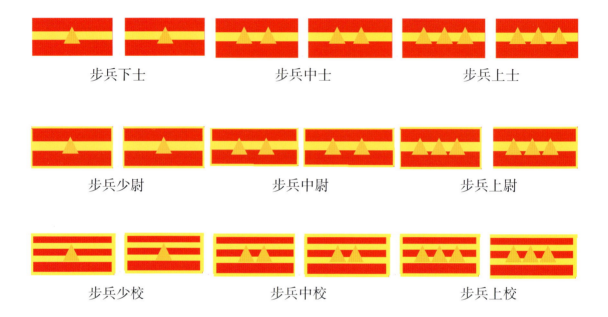

步兵下士　　　　步兵中士　　　　步兵上士

步兵少尉　　　　步兵中尉　　　　步兵上尉

步兵少校　　　　步兵中校　　　　步兵上校

简要说明：

　　民国时期，中国军队的军衔曾经过四次改制：第一次是在北洋军阀时期，即1912年；第二次是在国民政府形式上一统中国时期，即1929年；第三次是在抗战初期，即1936年；第四次是在抗战胜利之后，即1946年。

　　这里展示的都是1936年至1946年抗日战争时期的军衔，第一行的士级，它没有方框是正确的，但它中间的横杠应是蓝色，而非黄色。第二、三行的军衔，出现的年代与上同，但因为是尉级、校级，故四周都有一个方框，这是与同期的兵级、士级军衔的最大区别。

日本军队：（图示 e-2）

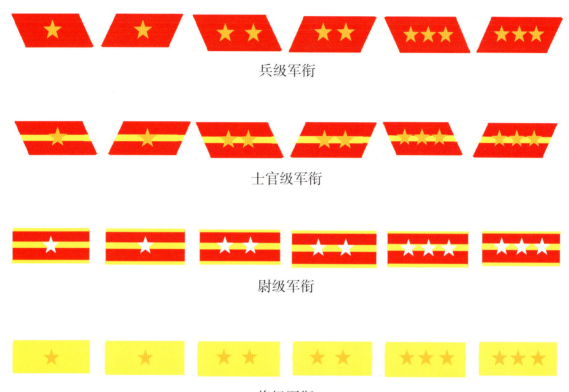

兵级军衔

士官级军衔

尉级军衔

将级军衔

　　这里展示的是影视片中经常出现的错误军衔，我们从最容易混淆的地方说起。

　　（1）在日本军队中，兵级和士官级的军衔是长方形，而尉级、校级、将级的军衔都应该是平行四边形；我们千万不要把它弄反了；或者认为所有日本军队的军衔都是长方形，那是错误的。

　　（2）只有兵级军衔图案中的星形是黄色的，其余全部为银白色。

中国军队：（图示 E-3）

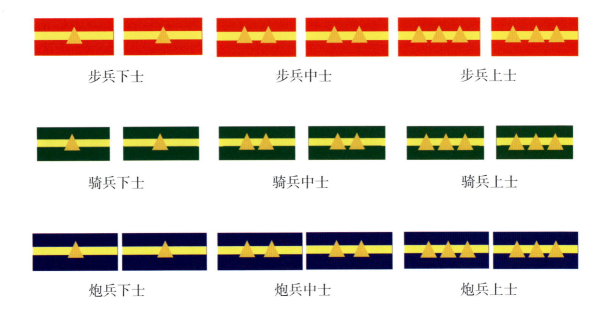

步兵下士　　　步兵中士　　　步兵上士

骑兵下士　　　骑兵中士　　　骑兵上士

炮兵下士　　　炮兵中士　　　炮兵上士

简要说明：

　　士级军衔，在中国军队中应是个另类，因为所有的军衔除士兵、将官之外，它们在底色中间都有一条黄杠，唯独士级不论步兵、骑兵、炮兵，或者其他兵种，中间都是一道蓝杠；即便炮兵以蓝色打底，它的横杠也是深蓝色。这一点，不管是在 1929 年还是 1936 年的军衔改制中，都不曾改变。

　　上面展示的骑兵军衔，底色为绿色，也是错误的，这点也容易与日军同样是绿色的骑兵混淆。在中国军队中，骑兵在任何改制过的军衔中，都以黄色来表示。

日本军队：（图示 e-3）

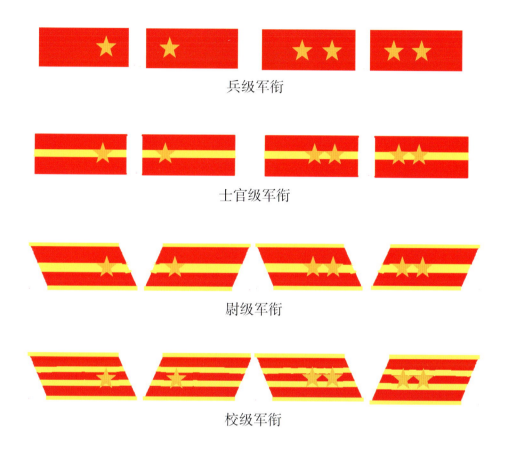

兵级军衔

士官级军衔

尉级军衔

校级军衔

简要说明：

　　此处的错误在于，虽然它们的形状是对的，但星形的颜色除兵级以外，都应是银白色；另外，它们的星形图案都是从一端开始排列，这就有问题了。在日本1938年军衔改制中，确曾出现过星形图案偏向一边的方案，但此方案并没流行开；所以，后来出现在正规场合上的日军军衔，无论兵级、士官级、尉级、校级、将级，图案都是从中间向两边排列。

中国军队：（图示 F-4）

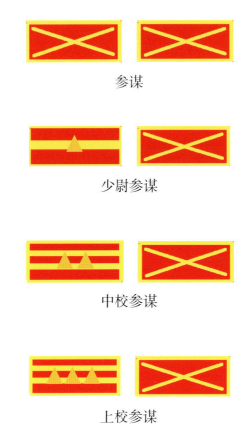

参谋

少尉参谋

中校参谋

上校参谋

简要说明：

第一行的军衔是错误的，它虽然注明专职是参谋，但没标明是哪一级别的参谋，因此正确军衔应该是下面三行，右面是参谋标志，左面分别对应着他隶属于哪一级，其他军衔以此类推。

日本军队：（图示 F-4）

步兵少佐　　　　　　　　陆军少将

步兵少佐　　　　　　　　陆军少将

简要说明：

　　上一行那种佩戴方式，把军衔左右颠倒了过来，曾出现在《伏击》
等电视剧之中，这是错误的；正确的应该是下一行这种佩戴方式。

83

中国军队：（图示 E-4）

陆军少将　　　　　　陆军中将　　　　　　陆军上将

简要说明：

　　常常有电影或电视剧，把黄色打底，中间又有金黄色三角星的，当作是将级军衔，这是错误的，确切地说，他们应该是骑兵兵级的军衔。以前，军衔是在肩上；自 1929 年肩章移到领章上以后，将级是有过类似的形状和颜色，但在四周都有一个框。到了 1936 年，将级军衔的底色更是变成白色，中间有几条黄色丝线，周围也是有一个方框。

日本军队：（图示 e-4）

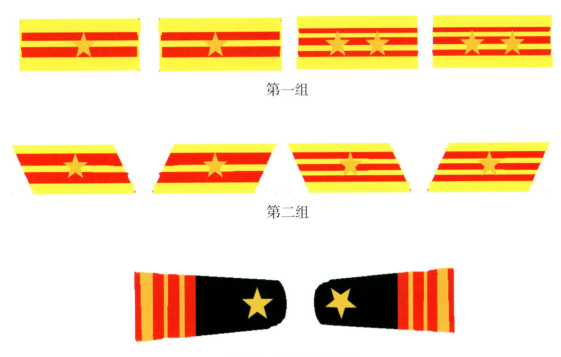

第一组

第二组

奇特的日本宪兵肩章

简要说明：

　　上面似是而非的军衔，实际也是错误的军衔，这在影视片中也出现过不少。其错误之处在于：第一组尉级和校级军衔，首先应为平行四边形，其次是上下两边过于宽，而中间过于窄。第二组，形状虽然正确，但仍然是上下两边太宽，中间太窄，应该颠倒过来才对。

　　最后一组，本系现代武警战士士官的军衔，竟"移花接木"，接到40多年前的日本宪兵肩膀上，岂不怪哉！

中日军衔图解之补充

中日军队军服：（图示 F-1）

简要说明：

　　中国国民革命军与日本军队军服之差异在于武装带上，腰带部分要宽于肩带部分，而且是双排纽扣。国军系武装带但不佩刀，服装有灰色和黄色两种，但这种灰色是带有浅蓝色的灰色。此图解为灰色，黄色式样与灰色相同。

简要说明：

　　日本军队军服自始至终是黄色的，不仅不佩戴武装带，而且军官服为上下四个兜；尉级以上是四个兜，兵级和士官级是两个兜，除兜盖外，兜是暗兜。

上图为梁贵三老人亲手所绘。

日本军队军服：（图示 F–2）

此图为梁贵三老人亲手所绘。

简要说明：

此图解为肩式军衔和领式兵种领章。实行这种军衔时，军服领子必须是立领（也称呼硬领），注意上衣左侧下方，有个"开口"，这是为了佩带军刀方便。

另外，骑兵、炮兵在长筒靴后跟上，必须挂上金属制的刺马针。用刺马针代替"马鞭子"。

帽子：（图示 F-3）

简要说明：

中国军队除了经常戴的圆筒帽外，还有一种德式钢盔；高级军官还戴"大壳帽"，只是在抗日战争胜利以后才出现。如左图所示。

简要说明：

日本军队除了经常戴的军帽，简称"战斗帽"，后面挂有我们常说的"屁帘儿"外，还戴一种钢盔。日本军队早期的关东军，不论官兵等级都戴"大壳帽"。但1931年九一八事变以后就不戴了，只是在日本本国有庆典仪式时，士兵戴钢盔出示，军官仍戴"大壳帽"。如右图所示。

简要说明：

日本侵略华北以后，成立了伪军，叫"治安军"。汪精卫伪政权建立后，其伪军改称"皇协军"，这些伪军都戴"大壳帽"，如左图所示。

寻访大陆的
最后一期黄埔军校学员

作者 代明

一

在大陆的最后一期黄埔军校，正式名称叫黄埔军校第 23 期，开办于 1948 年的成都；因为随着第二年解放军进军四川，蒋介石率领的国民党部队全线溃退，撤至台湾，第 23 期也就成了公认的在大陆办的最后一期军校。黄埔军校还开办过第 24 期，但那一期学员上学没几天，新中国就成立了，所以一般都不予以承认。当然，现在在台湾，黄埔军校已办到 60 多期，这都属于后话。第 23 期黄埔军校，还有一个特点为世人牢记，它的学员还是唯一一批参加了起义、全体投诚到解放军阵营里来的黄埔学员。

如今，大陆还健在的第 23 期黄埔学员已经凤毛麟角；梁贵三，算是生活在北京 23 期生之一，今年已经 89 岁高龄。出于抢救历史的需要，我曾先后两次寻访过梁贵三老人的家。

第一次到梁贵三老人家，是在 2008 年 12 月，那时，他刚从东直门搬到通州区梨园镇的新翠景园。我去的时间不巧，是个星期六，老伴、儿子、闺女、外孙子，一大家子在屋里转来转去，很是热闹，而梁老本人像个老寿星一样坐在沙发上，听任家里人在屋内嬉戏打闹，一动不动。我注意观察这位黄埔军校毕业的老人，面庞红润，满头白发，腰板始终挺得直直的，说出话来底气十足，宛若洪钟，完全不像 80 多岁高龄的样子。他穿一件中试圆领开襟的黑绸缎棉袄，最上面一颗纽扣也系得紧紧的，威武严谨，一丝不苟，极具军人风度。梁老的前面放着一副轮椅，右侧是咖啡茶几，身后雪白的墙上挂着两幅画，中间是全国空军原政委杨大伦将军写给梁老的字："国强民安乐，家和万事兴"，字是用金文款式写的，显得古朴典雅，苍劲有力。

在来之前，我就知道梁老因为患上严重的糖尿病，双腿已经站不起来，进进出出只能靠这把轮椅，故此，他现在很少参加外面活动，大部分时间都局限在家里，也正为此，他对我的到访格外欢迎，那一天他给我讲了许多往事。

第二次拜访梁老是在 2015 年 2 月。那时，老人因为觉得来人不方便，又从遥远的通州区搬到朝阳区垡头的翠城馨园居住。事隔 6 年，我明显感到他老了许多，耳朵也聋了，眼睛也花了，记忆力也出现严重下降，他向我看了半天才认出我是《潮流》杂志社的人。这一次，我倒是有意避开了休息日，他家里只剩下一个同样需要轮椅才能行走的老伴，和一个 40 岁左右的保姆；但他已不能完整讲述自己经历，只能拿出以往材料的复印件，让我拿回去做个参考。

因此，这篇具有特殊意义的文稿，实际上是我结合着这两次相隔 6 年的采访完成的。

二

梁贵三，又名梁桂三，蒙古族人，1926 年 3 月 29 日出生于原内蒙古喀右旗（现为辽宁建平），幼时家庭贫寒。因为从小吃不饱饭，他很小就考进内蒙古一所军事讲武堂少年班，在那里一学就是八年。那时，日本已经在我东三省成立"满洲国"，所传授的教育都是用的日本本土教材，这所讲武堂也不例外，所用的教材全部是日文，这倒给梁贵三以后的日文打下了良好的基础，从中他也非常清楚地了解日本部队的番号、装备、武器，以及从将官到士兵的各种军衔。

　　梁贵三在讲武堂毕业后，就去报考了黄埔军校，原因还是因为它能解决吃饭问题。当时，黄埔军校招生非常严格，每100人里只录取4人，是25∶1的比例，但梁贵三还是凭他扎实的基本功，于1948年考上了黄埔军校，荣幸地成为黄埔第23期学员，然后，辗转坐火车来到四川成都就读。

　　也是命中注定，梁贵三在成都学习期间，遇到了一件奇缘，就是认识了黄埔医院的一名女护士，他们很快相恋，并在相恋后不久即结为夫妻，而且，很快有了他们的第一个孩子。按照规定，黄埔学员是不允许带家属的，但因为梁贵三是蒙古族，他的妻子是一位回族人，鉴于这种特殊情况，梁贵三成了唯一可以带家属上学的黄埔学员。梁老曾经给我看他与妻子的结婚照。老照片里，他身着中山服的正装，英俊潇洒；妻子身披雪白的婚纱，浪漫漂亮，俨然是一对人人艳羡的神仙眷侣。我还见到另一张有些泛黄的照片，那应该是他们的大儿子刚刚出生，年轻的妈妈托着幼小的婴儿，和一位托着同样大小婴儿的母亲（看样子像是他们黄埔医院的女军医），并排坐着的合影，看着那还懵懂无知的稚子，以及洋溢着一脸幸福笑容的母亲，让人感到格外温馨，格外美好。

梁贵三与妻子的结婚照

　　然而，与美满家庭形成强烈反差的，是梁贵三老人在事业上却历经坎坷，充满艰辛。

　　1949 年，解放军进攻的炮火打进四川，国民党高官以及他们的家属，都纷纷乘坐飞机逃往台湾。本来，黄埔军校也准备集体搬至台湾，连飞机都派了过来，却被胡宗南的部队严密把守着，每天忙着运送自己的队伍。后来，黄埔军校的教官说，他们还可以去往较远的新津机场，从那里起飞，就把所有学生都带了出来；但走了没几天，又说四面到处都有解放军的部队，只能往西昌机场去，这样他们又往西昌方向行军，路上还与当地的游击队打了一仗。那时，梁贵三还仅是个普通学员，上面的消息完全被封闭，根本不知道发生了什么事，只能盲目地跟着教官走；后来，他看书才知道，实际上从 7 月 1 日开始，中共地下党就已经渗透进学校，准备起义的事情，把学生拉出去四处找机场，其实是在拖延时间，等待合适的机会。这样，到了 1949 年 12 月 25 日，部队拉到成都北郊一个地方，他们正式宣布起义。总共 14000 余名黄埔官兵，从此脱离蒋介石政府，投入到建设新中国的怀抱。他们中间除一些人被改编进解放军以外，绝大部分人进入了解放军西南军政大学四川分校，继续学习，直到 1950 年 5 月毕业。

　　梁贵三结束学习以后，有两个选择，一个是跟随志愿军参加抗美援朝，另一个是参加解放西藏，梁贵三考虑家里孩子还小，就选择了后者。好在他在黄埔军校学的就是特种兵，因此，他一进入康藏，就担任了汽车排的排长，开着汽车，天天往前方运输军用物资在山路上跑，总算有了用武之地。但这样的好景不长，随着大儿子的出世，妻子又很快给他生第二个男孩，沉重的生活压力让他无法再跟着部队跑，只好选择了提前转业，到成都公司下属的一家百货商店去工作。我看到他的相册里，有一张拍摄于 1954 年的照片，是梁贵三三个孩子的合影。他们每个人都是蓝色儿童海军制服的打扮，每个人都骑着一辆三轮小自行车，由大到小，从左至右依次排列，看他们兴高采烈的样子，还断然不会预见到一场运动将会给这个家庭带来巨大灾难，还断然不会想到由于父亲受到的冲击，将会给家里的每个成员都打下永远无法弥合的深深烙印。

梁贵三三个孩子幼时的合影

三

在拍过那张照片后不久，梁贵三携带一家人由西安来到北京，以干部身份进入北京第三通用机械厂，本以为这是一个可以施展拳脚的地方，但他做梦也没想到，就是在这里，开启了他人生最黑暗的一段路程。

1957 年，上面派来工作组，让职工给领导们提意见。梁贵三是个性格耿直的人，看不惯那些乱七八糟的事，他早就觉察到，厂里的党委书记跟一个没结婚的女干部勾勾搭搭，眉来眼去；这位女干部是从部队转业到厂里来的，长得年轻漂亮，而党委书记的老婆则来自乡下农村，还裹着小脚，梁贵三就向工作组反映，他生活作风有问题。党委书记自然受到了批评，梁贵三也并没有因此给穿上"小鞋"，他以为这件事就这么过去了。可哪里料到，两年后，到了1959年，厂里一封检举信报到上面，说梁贵三过去是黄埔军校学员兼国民党党员（黄埔学员入校后都要集体加入国民党），把他打成落网的历史反革命分子。结果，这项沉重的帽子他一戴就是二十年。第三通用机械厂不但撤销了他的干部身份，给他最低工资待遇，还让他干厂里最苦最累的活儿。在成功隐忍了两年之后，厂党委书记终于给了梁贵三报复。

本来，按照当时的规定，在当时被查出有问题的人员，要在本单位接受"监督劳动"。但可能碍于梁贵三是个心直口快、性格倔强的人，在眼皮底下晃终不是个事。1965年，他被调离原厂，到北京重型机械厂去报到。

北京重型机械厂是梁老的第二个正式单位，他干的铸铁清理工。这是个很脏很累的工作，天天要钢锭模中爬进爬出，还要忍受冰凉刺骨风机的吹刮，时间一长，他的双腿就落下了毛病，再加上他患有糖尿病，到了晚年越来越重，终于再也站不起来。尽管条件异常艰苦，但梁贵三平时脑子总爱琢磨事，又好钻研，没过多长时间，他就对厂里生产的各种机械构造了如指掌。

一次，他们厂里好不容易组装出一台大型重型机械，可在搬运它时出现了困难，因为体积太大，用各种吊车设备都无法将其运走，梁老就建议先把它拆掉，再用定向螺丝滚轴，一点一点拉至所需的位置。结果，这个建议遭到领导反对。他就给他们讲了一段故事，他说：在日俄战争期间，日本的"三笠"号战舰和沙俄的"瓦格良"号交战。日本的"三笠"号率先开进渤海湾，隐蔽了起来，那时正是冬天，海水全都冻成了冰，当沙俄的"瓦格良"号驶进渤海湾时，因为冰冻不得不停止前进，结果被早已埋伏好的日本"三笠"号一阵炮轰，"瓦格良"号中弹起火，舰上所有官兵全部丧命。当时，"瓦格良"号上面有一门大炮，后来被安置在大连港上作为战利品，那门大炮有几十吨重，怎么上的岸，就是用的定向螺丝滚轴，被日本人拖上旅顺港口的。

正是得益于他在黄埔军校所学的扎实基础，再加上他头脑清晰，又懂得日语，当时厂里要赶一些活计，连工程师都要向他请教。这也就是为什么他遭到不公正对待以后，回忆起在北京重型机械厂的生活，还是很自信的。

进入 1978 年，改革开放的春风吹拂着中国大地，对于有一技之长的梁老，终于在他行将进入晚年，迎来了施展拳脚、展示才华的大好时机。为此，他深有感触，还曾写下一首诗以寄托情怀，诗是这样写的：

生不逢时深感亏，逆境接踵难克遂。

邓公改革春雷震，老骥立起猛急追。

四

他先是在华北电力学院北京研究生部，被聘请为研究生的日语教授。他讲日语浅显易懂，明白晓畅，人们都爱听，就是像北京电视机厂、北京焦化厂、北京798 厂等国有大企业，都纷纷派人来听他的课，他那时主要承担科技日语、医用日语的教学工作。

这样干了有几年，到1983年，他又响应总设计师邓小平的号召，南下广州调研，经过与长子的一番协助，看准了国内需要大量的聚氨酯泡沫塑料（俗称海绵）这一商机，决定在自己的老家，引进一套中国台湾的设备和德国的原料，在内蒙古呼和浩特市创办一所海绵厂。在第一家海绵厂成立揭开仪式的那一天，《内蒙古日报》还写了一篇专题报道。随后，乘着这股创业的东风，梁老又和自己的几个儿子，先后在赤峰、锡盟镶黄旗、扎兰屯市开发了三条海绵生产线，让这些白花花的海绵不仅能满足内蒙古、新疆的需要，还远销原苏联的远东地区，为振兴边疆经济付出巨大的心血和汗水。

梁贵三退休以后，为了给国家创汇，于1986 年又到北京的一家中日合资企业工作。因为他具有扎实的日文基础，又希望继续发挥余热，把过去耽误了二十年的光阴补回来。1989 年，他已是年届 63 岁的老人，可仍然应中日合资京仙日本料理有限公司之邀，担任了公司翻译部的主任，一干就是数个年头，直到身体状况越来越糟，行走不便，才辞去这最后一份工作。

也正是在这一段时期，他的政治生涯也迎来了自己的黄金阶段。1984 年，他加入了中国国民党革命委员会，成为朝阳区委第五支部的民革党员。也就在同一年，他作为黄埔军校第 23 期大陆的代表之一，参加了在中南海里举行的第一次黄埔同学代表大会。那次大会给他的印象非常深刻，因为那时十大元帅中有几位还在世，其中徐向前、聂荣臻这两位毕业于黄埔军校的大元帅，也出席了这次会议，并与梁贵三等 300 多名黄埔校友合影留念，这张照片至今仍挂在梁老家中最显著的位置。

2011 年，时值辛亥革命百年，梁老此时已经坐在轮椅，只能在家里，无法

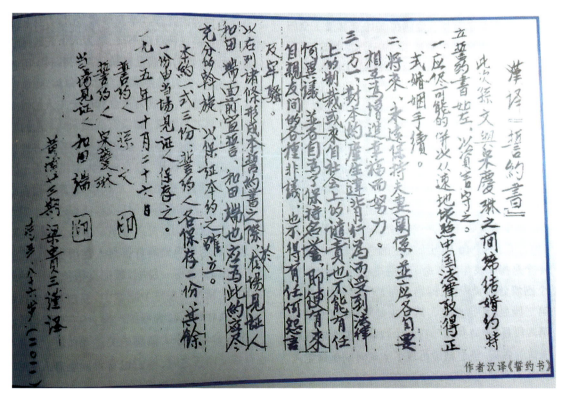

梁老翻译的孙中山与宋庆龄的《结婚誓约书》

出去参加活动，即便如此，他仍然写了纪念辛亥革命百年的一篇文章，登载在《湖北黄埔》的期刊上，题目是《旷世奇珍的辛亥革命文物——孙中山与宋庆龄的〈结婚誓约书〉》。这份誓约书写于1915年，是宋庆龄女士与孙中山先生于日本结婚之际，用日文写的，原来一直收藏在台湾，由于要在台北举办题名为"精诚笃爱"孙中山与宋庆龄文物展，它才与其他70余件珍贵文物拿出来，一同展出。梁老看到有关报道后，就把这件日文原版的"结婚誓约书"翻译成中文，并在《湖北黄埔》期刊上登出，这也成了全国唯一一件日译汉的孙中山与宋庆龄的"结婚誓约书"。因为该资料异常宝贵，平常我们极难看得到，因此，我把梁老翻译过来的"结婚誓约书"的照片，也收录于本书中，以供广大读者研读。

五

梁贵三老人的一生可谓命运多舛，历经磨难，这一点从他一跨进黄埔军校大门的那一天起，就已经注定。尽管他和当时23期的全体官兵，是黄埔军校历史上第一次弃暗投明，举行起义。

就像他身上担负着民革党员的神圣使命一样，梁老始终没有放松对国家大事的关心，对祖国命运的关心，时常在报刊上建言献策，针砭时弊，呼唤正义。2008年，梁老曾在《潮流》杂志上发

梁贵三老人全家福照片

表一篇文章，叫《一个民革党员的最终报告》指出现在国内的抗日电视剧，在涉及日本军队装备的描写上，存在大量胡编滥造的现象，会给下一代留下错误认识。他的一位日本友人就曾向他提出这样的疑虑，说如果连中国人自己都搞不清什么是正确的历史，很容易给日本那些极右翼分子带来口实，并借机否定日军侵华这一重大事件。作为一个有强烈正义感的黄埔老人，梁贵三自然不能容忍荧屏上出现这么大的历史纰漏，除了在那篇文章中，他具体讲述了当时日军的装备、军衔等真实情况；还专门编撰了一本书，非常详细地介绍了抗日战争期间日本军队和中国国民革命军的将官和士兵，各个兵种所佩戴的不同官衔和军服，希望有一天能让更多的人了解。

当我翻看梁老亲手剪裁、制作的这些缩小版的官衔和军服，并把它们一张张粘贴到本子里，每一项还在旁边标注上说明，一看就知道倾注了他巨大的心血，不禁非常感慨；感慨他在生活如此拮据、年纪如此高龄的情况下，还想着为我们的社会奉献出自己毕生所学。那么，我们这个社会是不是也应该为这位老人做些什么呢？

整理者的话

　　《抗日军衔研究》，是黄埔老人梁贵三在其晚年之作。梁老之所以对中日军队的军衔感兴趣，其缘由，我已在《寻找大陆的最后一期黄埔军校学员》一文中叙述明白，只因老人家庭贫寒，从小即被送到一所日本人开办的军事讲武堂少年班，一学就是八年，故此，他对日本军队的番号、装备、武器，尤其是军衔都非常了解。但这还不是促成他写这本书的主要原因，最主要的，是由于近年来抗日神剧在大陆屏幕上的泛滥，且有愈演愈烈之势，内里充斥着对历史基本常识的歪解。因此，梁老才愤而起笔，决定从军衔入手，纠正这股对当代青少年会产生恶劣影响的歪风。他不懂电脑，就仿效小学生上的手工课，买来一大堆红的、绿的、黄的、蓝的彩色电光纸，把它们剪成军衔的样子，又把它们一个个粘贴到大白本上，底下一一注上说明。这项艰苦而烦琐的工作，老人坚持了将近十年，最终累积成一本厚厚的原始书稿。老人曾多次向黄埔同学会等有关单位投稿，希望能尽快出版，不为别的，只为能给拍摄抗日影视剧的导演们提供一个正确的帮助，也为给守在电视机前和大银幕前的观众，还原一个真实的历史场景。这也是一个黄埔老人拳拳爱国之心的真实写照。

　　我有幸帮助到老人完成他的心愿，还要感谢《潮流》编辑部的两位领导姚国峰、张弛对我的信任和器重；但在我开始投入到这项任务中时，却发现它比我以前做的任何书稿都要麻烦得多。

　　首先，虽然梁老阅历丰富，见多识广，又精通日文，但毕竟

梁老曾经在《人民日报》上发表的文章

是上了年纪，到今年已是整九十岁的黄埔老人，对过去的记忆难免出现偏差，而这本书又恰恰是主要给影视剧导演阅读的书，类似工具书的性质，出不得半点差池。其次，老人用的是传统剪纸、绘画手工的方法，这种方法做出来的图案，肯定无法将它们一一再现到电脑里；可如果要用复制、拍照的方式，又会弄得杂乱不堪，无法成书（即便如此，考虑到老人亲手制作的这些原稿，非常珍贵，我还是在这本书的最后，附上老人部分原稿的照片，作为资料留存）。怎样解决好这两点？着实让我大费了一番脑筋，这恐怕也是很多制作单位，不敢轻易帮老人忙的最主要原因。可我想，既然老人找到了我们，又是为了完成黄埔老人这一生最大的心愿，我们就是再多花些功夫也是值得的。对于后者，无法在电脑上展示手工粘贴的成果，我就努力按照老人的意思，采取电脑绘图的方式，将正确和错误的军衔一笔一画绘制到文档里，这个工程量虽然巨大，但为了保证这本书的质量，再烦琐，再艰难也要有人去做。至于前者，则必须要确保老人提供的一切资料真实可信，对于有不准确的地方，我除了查找有关资料以外，特意找到了熟知抗战情况的中国人民抗日战争纪念馆的张量教授。

张量教授，是中国人民抗日战争纪念馆的研究员，写过许多有关抗战的文章和专著，国内各个省（市）展出的各种规模的抗日文物展，不少都是请他来组织、策划、撰写的，可谓是中国抗日战争有关方面研究的专家。张老师又是一个非常热心的人，知道我们要为黄埔老人做这件善事，他一口答应，不仅亲自执笔修改、润色了梁老写的前言、正文部分，还从中国人民抗日战争纪念馆图书馆借出《二战参战国军衔·服饰图鉴》（金诚出版社出版，徐平主编）一书，供我参考、阅览。也正是这本十分珍贵的书籍，以及梁老给我提供的，日本北村恒信编的《陆海军服装总集图典》一书，给了我很大的帮助，帮我纠正了不少老人记错的军衔。此外，我又在梁老提供的书稿之外，补充了大量新的东西，并在每幅新增加的军衔绘图后面，加上了我写的"简要说明"（原书中梁老也有"注解"，但太过简单）。为了让抗战时期中日军队的军衔有鲜明对比，我又将绘图排版成一左一右的形式，同时注明中日军队军衔制度更改的时期，以便读者一目了然。

　　这次整理、编撰、绘画《抗日军衔研究》一书，是个艰巨而烦琐的工作，前后经历一年多的时间，几易其稿。这段时间，除了得到中国人民抗日战争纪念馆的张量教授的大力帮助外，还得到了《潮流》编辑部两位主编姚国峰、张弛的鼎力支持，以及编辑部其他同仁，如李玉兰、贺迪等人的精诚合作；同时，这本向中国人民抗日战争胜利七十周年暨世界反法西斯战争胜利七十周年献礼的图书，能够得以顺利出版，还要特别感谢民革党员李德龙先生的赞助，团结出版社编辑张晓杰和收藏家朱燕君的帮助。我借此机会，代表梁老和我本人，一并向他们表示感谢和敬意。

　　正像我在那篇采访文章结尾所提到的："他（梁贵三）在生活如此拮据、年纪如此高龄的情况下，还想着为我们的社会奉献出自己毕生所学。那么，我们这个社会是不是也应该为这位老人做些什么呢？"这本书，就是给老人的一个最好的答案。

整理者　代明

定稿于乙未六月北大半步斋

作者手写手绘的原稿（节选）

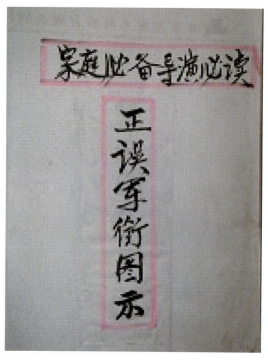

图示一

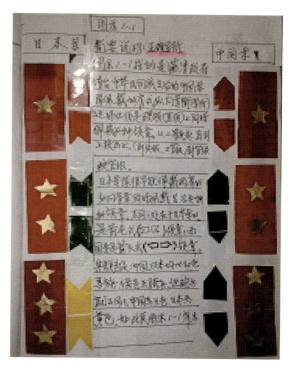

图示二

图示三

图示四

图示五

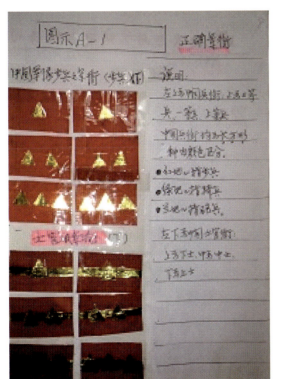

图示七

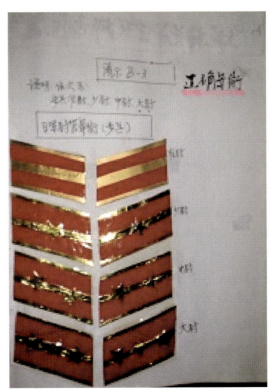

图示八

图示六

图示九

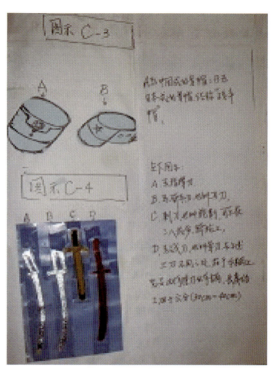

图示十

图示十一

图示十二

图示十三

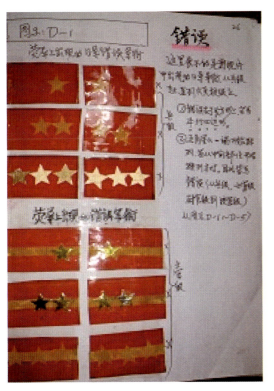

图示十五

图示十四

图示十六

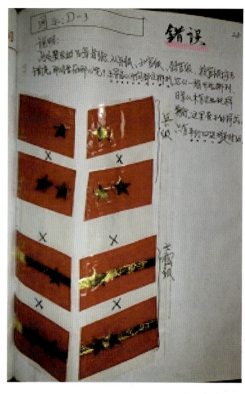

图示十七

图示十八

说明：以上图片均为梁贵三老人有关本书的手写手绘原稿，十分宝贵。特收集于此，予以出版。尽管上面的字迹已不清晰，剪纸贴图也模糊一些，鉴于这是年近90岁老人的呕心力作，确实难得。如因底稿的模糊不清给您带来不便，还望读者谅解。

后记
——迷雾散尽现真章

翻开《抗日军衔研究》不禁浮现出梁贵三的身影，一位黄埔军校生，一位民革党员，一位饱经沧桑的世纪老人，他用了十年的时间完成本书的初稿。而今在中国人民抗日战争胜利70周年之际，在《潮流》编辑部的组织整理下，终于完成了出版，此书面世意义重大，可以说对今后国内抗战题材类影视作品具有指导意义。

多年以来，有关对中国大陆抗战题材的影视作品的批评如狂风暴雨一般，但是违背史实的影视作品依然层出不穷，网评道：没有最神，只有更神；没有最烂，只有更烂。分析其原因，一方面是编导迎合某些群体和对象的需求，另一方面是对历史确实无知，想必这类编导占了多数。

无知者无畏，但是如果在有关严肃的历史题材作品方面进行大无畏的编导，可知所编导的作品是多么可怕，不但误导国人，说得严重一些，过度夸大事实和在服饰装备方面忽视的编导，某些时候起到的消极影响是难以估量的。

初次认识梁贵三老人还是多年前他给《潮流》编辑部投过一篇《一个民革老人的最后一封信》的稿子，内容是对当时抗战的影视作品中出现的错误痛恨不已，指出影视作品在服饰和装备上的错误，为日本右翼军国主义分子否认侵华罪行起到的佐证作用。为什么这么说呢，梁老在日本有很多的朋友，长年都在民间做反战工作，日本朋友曾经和梁老说："我们在日本国内做了多年的反战工作，很艰苦，也取得了很大的成效。但是，中国国内的一部抗战的影视作品就把我们长期的努力毁于一旦！"梁老解释道：国内每部抗战影视作品在服装、军衔和武器配置方面几乎都存在错误，日本右翼分子就说，你们看看中国播出的电影和电视剧，内容的服装和武器都是假的，所以中国说我们侵华也是假的，所谓的南京大屠杀也是假的（涉及的南京大屠杀的影视作品），在日本青少年中极具煽动性。梁老情深意切要求说，可以无偿为影视作品作顾问，目的就是纠正和减少这类的错误，但是没有引起有关部门足够的认识，错误的服饰仍然继续延续。

痛心疾首！问题出在哪里？真是我们的无知和无畏造成的吗？如果真是如此，情何以堪？我们的编导们无意帮助了日本右翼军国主义的复燃，还沾沾自喜，娱乐了自己也愚弄了大众。

《抗日军衔研究》一书，对抗战时期中日军队的服装配置作出说明，算是填补了国内空白，应该说对今后抗战题材的影视作品具有教科书式的指导意义。

建议此类作品的编导们在今后编导抗战题材的影视作品时能够参照此书，避免出现不应该的错误。这样才能还原历史真相，也是对历史的尊重。

在这里要特别感谢梁贵三老人呕心沥血收集编著的图解，感谢代明先生将此整理成书，还要感谢民革党员李德龙先生给予的赞助，感谢团结出版社及所有关注抗战题材的朋友们。

迷雾散尽现真章，拭去乌蒙看英雄。

主　编　姚国峰

副主编　张　弛

2015 年 9 月 3 日